Petra Kunze
Gerald Schmiedecke

Jungs

Wie Eltern glückliche Söhne erziehen

Knaur

Petra Kunze
Gerald Schmiedecke

Jungs

Wie Eltern glückliche Söhne erziehen

www.knaur-ratgeber.de

Wichtiger Hinweis

Die im Buch veröffentlichten Ratschläge wurden mit größter Sorgfalt von Verfassern und Verlag erarbeitet und geprüft. Eine Garantie kann jedoch nicht übernommen werden. Ebenso ist eine Haftung der Verfasser bzw. des Verlages und seiner Beauftragten für Personen-, Sach- oder Vermögensschäden ausgeschlossen.

Projektleitung: Caroline Colsman
Redaktion: Anja Schmidt, München
Illustrationen: Imke Trostbach, Berlin
Herstellung: Dagmar Guhl
Umschlagkonzeption: ZERO Werbeagentur, München
Umschlagfoto: Galvezo/zefa/Corbis
Satz: Uhl+Massopust, Aalen
Druck und Bindung: Offizin Andersen Nexö Leipzig GmbH, Zwenkau
Printed in Germany

ISBN-13: 978-3-426-64402-7
ISBN-10: 3-426-64402-9

5 4 3 2 1

Bitte besuchen Sie uns im Internet: www.knaur-ratgeber.de

Inhalt

Vorwort

Viele Jahre lang wurden Mädchen besonders gefördert. Und das zu Recht! Sie waren und sind in unserer Gesellschaft in vielen Bereichen benachteiligt, insbesondere was ihre Berufs- und Karrierechancen anbelangt. Außerdem müssen sie später als Frauen noch immer die Hauptlast der Kinder- und Familienarbeit tragen. So gerechtfertigt eine geschlechtsbewusste Erziehung von Mädchen also ist, so wenig wurde diese auch für Jungen eingefordert. Zwar hat das männliche Geschlecht in den genannten Gebieten einen entscheidenden Vorsprung. Dass aber Jungen in vielen anderen Bereichen hinterherhinken und aufgrund ihres Geschlechts benachteiligt sind, wurde lange Zeit nicht für möglich gehalten – und deshalb auch nicht wahrgenommen. Seitdem der Blick aber bewusst auch auf die Jungen gerichtet wird, zeigt sich in beinahe allen Bereichen, wie notwendig eine geschlechtsbewusste Erziehung auch für sie ist.

Denn heute wissen wir: Die angeborenen Unterschiede zwischen Mann und Frau sind nicht auf die Geschlechtsmerkmale beschränkt. Und längst nicht alles, was wir für »typisch männlich« oder »typisch weiblich« halten, ist anerzogen. Vor 20 Jahren herrschte, entsprechend der Sozialisationstheorie, noch die Überzeugung, dass Mädchen erst zu Frauen und Jungen erst zu Männern »gemacht« werden – vom Elternhaus und von der Gesellschaft. Mittlerweile aber haben Hirn- und Hormonforschung belegt, dass ein Gutteil der geschlechtsspezifischen Eigenschaften genetisch bedingt ist. Zwar lässt sich nicht genau beziffern, zu wie viel Prozent diese Merkmale angeboren sind. Aber fest steht: Gene und Hormone haben einen weit größeren Einfluss auf unser (geschlechtstypisches) Verhalten als bisher angenommen.

Alle neueren Untersuchungen belegen, dass Jungen in vielerlei Hinsicht schon von Geburt an das »schwache« und benachteiligte

Geschlecht sind: Sie kommen bereits körperlich labiler und anfälliger auf die Welt. Außerdem hinken sie den Mädchen in der körperlichen und geistigen Entwicklung lange hinterher. So geht ihre feinmotorische Entwicklung, die sich beim Malen und Schreiben zeigt, langsamer voran, und auch die sprachlichen Fähigkeiten können lange nicht mit denen der Mädchen mithalten.

Verstärkt wird das alles noch durch unsere gesellschaftlichen und familiären Strukturen. Kindergärten und Grundschulen sind in der Regel eher mädchenfreundlich ausgerichtet. Es gibt mehr Bastel- als Tobecken, es wird mehr Zeit drinnen als draußen verbracht, mehr am Tisch gearbeitet und geschrieben als in der Bauecke konstruiert oder in der Sporthalle geturnt. Jungen kommen dadurch nicht auf ihre Kosten, ihnen fehlen zum Beispiel die Bewegung und die Balgereien mit anderen. Das macht sie zuweilen unruhig, manchmal auch aggressiv.

Außerdem ist schon die Kindheit häufig ausschließlich durch Frauen geprägt: daheim durch die Mutter (weil der Vater getrennt lebt, immer bei der Arbeit ist oder sich aus dem Erziehungsgeschäft weitgehend heraushält); im Kindergarten durch die Erzieherin; in der Grundschule durch die Lehrerin. Die Folgen dieser »Feminisierung« der Kindheit lassen sich überall beobachten: Den Jungen fehlen die männlichen Vorbilder, vor allem überzeugende. Sie wissen und sehen nicht mehr, was einen Mann eigentlich ausmacht, in welche Rolle sie also hineinwachsen sollen.

Seit einigen Jahren wird viel über die Schwierigkeiten von Jungen gesprochen und geschrieben. Es ist sogar von einer »Jungenkatastrophe« die Rede, von »Bösen Buben und kranken Knaben«, von »Angeknacksten Helden« und von der Schule als »Zuchtstation für dumme Machos« (Zitate aus: »Der Spiegel«). Wir wollen bewusst nicht in diese Unkenrufe einstimmen. Selbstverständlich ist es wichtig, die Situation von Jungen zu sehen, sie zu untersuchen und zu analysieren. In unserem Buch wollen wir uns aber vor allem darauf konzentrieren, Eltern und Erziehern Wege zu zeigen, wie sie Jungen gezielt fördern und unterstützen, wie sie den Bedürfnissen ihrer Söhne und Schüler besser gerecht werden können. In unserem Ratgeber stehen deshalb folgende Fragen im Mittelpunkt: **Was brauchen Jungen, damit sie sich gut entwickeln und glücklich werden, damit sie ihre positiven Potenziale entfalten können? Was können Erwachsene tun, damit Jungen wieder mehr Chancen bekommen und fit fürs Leben werden, damit sie Junge sein und Mann werden dürfen?**

Bei unserer Arbeit haben sich fünf Bereiche herauskristallisiert, die für Jungen eine große Bedeutung haben und deshalb besonders unterstützt werden sollen:

1. **Jungen brauchen** mehr Verständnis. Wir müssen die Besonderheiten von Jungen genauer wahrnehmen und respektieren, um ihren Bedürfnissen gerecht zu werden.
2. **Jungen brauchen** viel Bewegung, um ihre Energie auszuleben. Sportliche Betätigung hilft ihnen außerdem, ihren Körper zu spüren und zu beherrschen.

Jungen brauchen in jedem Alter viel Verständnis und Unterstützung.

3. **Jungen brauchen** Unterstützung, um kommunikative Fähigkeiten stärker auszubilden, Gefühle zuzulassen und über sie zu reden.
4. **Jungen brauchen** mehr Unterstützung auf der Suche nach sich selbst. Dabei können ihnen vor allem die Väter und andere männliche Vorbilder, aber auch Freunde und eine geeignete Jugend- oder Jungengruppe helfen.
5. **Jungen brauchen** Schulen, die ihren Bedürfnissen gerecht werden und sie stark fürs Leben machen. Dafür müssen Schulen besonderen Wert auf geeignete Unterrichtsformen, aber auch auf Bewegung und die Vermittlung sozialer, sprachlicher sowie verschiedener Schlüssel- und Alltagskompetenzen legen.

Anmerkung: Wenn wir von Jungen sprechen, meinen wir nicht die vielen männlichen Individuen, sondern den so genannten Normalfall. Selbstverständlich trifft dieser nicht immer auf alle Jungen zu, aber wir können uns nur am Typischen orientieren, um Wege für Veränderungen aufzuzeigen. Wir sind zuversichtlich, dass eine Jungenförderung in diesem Sinne ebenso erfolgreich sein kann, wie es die Mädchenförderung schon länger für die Mädchen ist.

1

Kleine Unterschiede – große Wirkung

»Typisch männlich« – »typisch weiblich«. Alles nur Klischees? Nein, sagen neueste Untersuchungen. Die Unterschiede zwischen den Geschlechtern existieren tatsächlich. Sozusagen von Geburt an. Das bedeutet unter anderem: Jungen müssen – ebenso wie Mädchen – ihren geschlechtsspezifischen Bedürfnissen entsprechend gefördert werden.

Jungen sind anders als Mädchen

Noch bis in die 1990er Jahre herrschte in Deutschland die Meinung vor, dass die Unterschiede zwischen Jungen und Mädchen vor allem durch eine unterschiedliche Erziehung beider Geschlechter herbeigeführt würden. Um strukturelle Benachteiligungen auszugleichen, stand seit den 1970ern eine gezielte Mädchenförderung in fast allen gesellschaftlichen Sparten auf dem Programm – mit beachtlichen Erfolgen. Die Mädchen holten in den meisten Bereichen schnell auf, in einigen überholten sie die Jungen sogar. Allerdings fällt die Verteilung der Familienarbeit auch heute noch deutlich zu Ungunsten der Frauen aus, das heißt, sie stecken für die Familie beruflich zurück und müssen allzu oft auf gesellschaftliche Macht, zum Beispiel in Form von Spitzenpositionen in Politik, Wirtschaft und Forschung, verzichten.

Die Aufholjagd der Mädchen schien zu belegen, dass es sich bei den »typisch weiblichen« und »typisch männlichen« Eigenschaften um überlieferte Rollenklischees handelt, die durch eine andere, gleichberechtigte Erziehung aus der Welt zu schaffen seien. Während die Mädchen bewusst gefördert wurden, gerieten die Jungen jedoch aus dem Blickfeld. Erst seit einigen Jahren wird deutlich, dass auch sie geschlechtstypische Schwierigkeiten haben, die einer gezielten Förderung bedürfen. Denn immer mehr Faktoren sprechen dafür, dass es wohl tiefer verwurzelte Unterschiede zwischen den Geschlechtern gibt als lange angenommen.

Um beiden Geschlechtern gerecht werden zu können, ist es hilfreich, die angeborenen Unterschiede zu kennen – nicht nur, weil sie dann leichter zu akzeptieren sind, sondern weil Eltern, Erzieher und Lehrer Kinder dann wesentlich besser unterstützen können.

Anmerkung: Wir haben für dieses Buch der Einfachheit halber meist die männliche Form – beispielsweise »Lehrer« – gewählt. Natürlich sind hier immer auch die Lehrerinnen gemeint! Da »Erzieher« fast ausnahmslos weiblich sind, finden Sie hier häufig die weibliche Form »Erzieherinnen«.

Angeboren oder anerzogen?

Die Wissenschaft geht heute davon aus, dass geschlechtstypisches Verhalten zum einen durch Gene und Hormone beeinflusst wird, also angeboren ist, zum anderen durch Erziehung und Sozialisation, also umweltbedingt ist. In welchem Verhältnis beide Faktoren zueinander stehen, ist noch nicht klar, wohl aber, dass auch angeborene Eigenschaften und Verhaltensweisen durch die Umwelt beeinflusst werden. So entsteht ein Wechselspiel aus Biologie und Erfahrung, das sich nicht ohne weiteres entschlüsseln lässt.

Selbstverständlich ist immer Vorsicht geboten, wenn geschlechtstypische Merkmale und Fähigkeiten einfach als »natürlich« angesehen werden. Mit solchen Behauptungen ließen sich Frauen schnell wieder an den Herd verbannen und Männer auf die Jagd (nach was auch immer) schicken. Auch aus Untersuchungen mit Kleinkindern dürfen keine vorschnellen Schlüsse gezogen werden, was »typisch Mädchen« oder »typisch Junge« sei. Schließlich können schon Ungeborene die Gefühle, Stimmen und Stimmungen ihrer Umwelt, insbesondere der Mutter, wahrnehmen. Und es ist sehr wohl möglich, dass eine Mutter anders fühlt und sich anders verhält, wenn sie weiß, welches Geschlecht das Baby hat.

Mittlerweile gibt es aber Untersuchungen, die äußere Einflüsse praktisch ausschließen können – und trotzdem zu dem Ergebnis kommen, dass Unterschiede zwischen den Geschlechtern bereits im Fötus angelegt sind. Insbesondere in der Gehirn- und Hormonforschung können diese über die primären und sekundären Geschlechtsmerkmale hinaus »gemessen« werden. Davon gibt es im Laufe dieses Kapitels noch Erstaunliches zu berichten.

Bericht aus dem richtigen Leben:
Als Prinzessin zum Kinderfasching

»Ich habe mich richtig gefreut (die Erzieherinnen übrigens auch), als Michael mit drei Jahren als Prinzessin zum Kindergartenfasching ging. Manchen größeren Jungen in seiner Gruppe soll nur die Kinnlade runtergefallen sein, als Michael sich und sein Kostüm, das wir aus allerlei Klamotten aus unserer Verkleidungskiste zusammengestellt hatten, ganz selbstbewusst zeigte. Gesagt hat niemand etwas. Diese Selbstverständlichkeit hat mich sehr gefreut, und ich dachte voller Stolz: ›Das hast du gut gemacht als Mutter, dass dein Sohn so etwas kann.‹ Ich fühlte mich darin bestätigt, dass es eben doch an der Erziehung liegt, wenn Jungen immer so großen Wert darauf legen, sich vom anderen Geschlecht abzugrenzen. Es dauerte nicht lange, bis ich diese Überzeugung über Bord werfen musste: Bereits wenige Monate nach diesem Faschingserlebnis wurde Michael einer dieser typischen Jungen seines Alters, der jeden Stock zum Gewehr machte und Rosa empört als ›Mädchenfarbe‹ zurückwies.

Als ich ihn im nächsten Fasching mit einem Augenzwinkern an sein Vorjahreskostüm erinnerte, war er stinksauer und beinahe gekränkt. Das war eine wichtige Lektion für mich, um zu akzeptieren, dass Jungen einfach anders sind als Mädchen – ganz ohne unser Zutun.«

Marga, 34, Mutter von Michael

Von Anfang an verschieden

Bei der Geburt hinken die Jungen der körperlichen Reife der Mädchen um vier bis sechs Wochen hinterher. Männliche Babys schreien mehr und lassen sich schwerer beruhigen. Sie sind auffälliger und häufiger krank. Offensichtlich können sich Jungen der Umwelt außerhalb des Mutterleibs weniger gut anpassen als Mädchen. »Jungen sind eindeutig labiler, wenn sie auf die Welt kommen«, sagt der Hirnforscher und Neurobiologe Gerald Hüther, der an der psychiatrischen Klinik Göttingen die Abteilung für neurobiologische Grundlagenforschung leitet.

Verschiedene Untersuchungen lieferten bemerkenswerte Ergebnisse: Bereits als wenige Tage alte Neugeborene reagieren Jungen und Mädchen anders auf ihre Umwelt. So zeigen Jungen deutlich mehr Interesse für Tiere und Gegenstände; außerdem reagieren sie stärker auf mechanische Geräusche als auf menschliche Stimmen. Sie ahmen beim Spielen Geräusche nach, wohingegen Mädchen Stimmen nachmachen. Ebenso zeigte ein Experiment des britischen Psychologen Simon Baron-Cohen schon bei wenige Stunden alten Säuglingen geschlechtstypische Unterschiede: Den Babys wurden ein lebendiges Gesicht und ein Mobile gezeigt. Die Jungen fanden eindeutig das Mobile interessanter, die Mädchen dagegen blickten länger in das Gesicht. Andere Untersuchungen haben gezeigt, dass Jungen Bezugspersonen erst einige Monate später erkennen als

Mädchen und dass Mädchen etwa doppelt so lange auf menschliche Stimmen lauschen und Augenkontakt halten wie Jungen.

Interessant ist auch eine Untersuchung der Psychologen Perry, White und Perry, an der Kinder im Alter von zwei bis fünf Jahren teilnahmen. Ihnen wurden Karten gezeigt, auf denen typische Spielsachen für Jungen und Mädchen abgebildet waren. Die Kinder wurden zuerst danach gefragt, welches Spielzeug sie am liebsten hätten, und anschließend, welches ihrer Meinung nach typisch für Mädchen und Buben sei. Die Jungen wählten zielgerichtet Jungen-Spielzeug aus, auch wenn sie vom Alter her noch gar nicht in der Lage waren, das Spielzeug den Geschlechtern zuzuordnen.

Solche Beobachtungen lassen sich auch auf anderer Ebene untermauern: Es gibt weit mehr körperliche Unterschiede zwischen Mädchen und Jungen, als auf den ersten Blick erkennbar sind, vor allem im Aufbau des Gehirns und bei den Hormonen.

Unterschiede im Körper und im Kopf

Neben den offensichtlich voneinander verschiedenen primären Geschlechtsmerkmalen bestehen zwischen Mädchen und Jungen noch weitere körperliche Unterschiede. Zum Beispiel weist das Blut von Jungen deutlich mehr rote Blutkörperchen auf. Auch ist ihr Körper anders gebaut. Jungen haben etwa 30 Prozent mehr Muskelmasse, weshalb sie normalerweise kräftiger sind als gleichaltrige Mädchen. Darin dürfte auch die Ursache dafür liegen, dass Jungen die körperlich Aktiveren sind, mehr raufen, toben und sich bewegen – schließlich wollen die vielen Muskeln auch bewegt werden. Das führt dann dazu, dass die Grobmotorik bei Jungen sehr gut entwickelt ist, was sich zum Beispiel beim Werfen und Fangen von Bällen zeigt.

Auch die Gehirn- und Hormonforschung liefert viele interessante Forschungsergebnisse über geschlechtstypische Unterschiede:

Das Gehirn »tickt« bei beiden Geschlechtern anders. Bereits beim Fötus wirken Sexualhormone auf die Entwicklung des Gehirns, und zwar bei Jungen anders als bei Mädchen. Ab der siebten Woche, wenn beim Jungen ein Gen auf dem Y-Chromosom dafür sorgt, dass sich die Hoden entwickeln, produzieren die Keimdrüsen fleißig Testosteron. Die hohe Konzentration dieses Hormons fördert das Wachstum der rechten Gehirnhälfte, die linke Hälfte dagegen entwickelt sich langsamer. Zwar wächst auch bei Mädchen die linke Gehirnhälfte generell langsamer als die rechte. Bei Jungen ist diese Tendenz jedoch aufgrund des hohen Testosteronspiegels deutlich ausgeprägter.

Was bedeutet das für das Denken und Verhalten beider Geschlechter? Die rechte Gehirnhälfte ist unter anderem zuständig für die

In mancherlei Hinsicht sind Jungen und Mädchen tatsächlich von einem anderen Stern.

Bewegung, das Handeln, das Gleichgewicht, das Sehen, für die Raum- und Positionserkennung sowie für die Gefühle. Die linke Hälfte des Gehirns koordiniert zum Beispiel Denken und Sprechen. Beide Gehirnhälften sind durch den so genannten Balken, das Corpus callosum, miteinander verbunden. Das dicke Nervenbündel sorgt dafür, dass die beiden Seiten keine unterschiedlichen Befehle geben oder aneinander »vorbeidenken« können. Da die linke Hirnhälfte beim Jungen recht klein ist, finden Nervenfasern der rechten Hälfte jedoch zum Teil gar keinen Anschluss an die linke. Stattdessen verbinden sie sich stärker untereinander in der rechten Gehirnhälfte. Das führt dazu, dass der Balken bei Jungen erheblich dünner ist als bei Mädchen, wohingegen die rechte Gehirnhälfte besonders gut vernetzt ist. Bei Mädchen findet diese starke Vernetzung innerhalb der rechten Gehirnhälfte nicht statt, dafür verbinden sich aber die beiden Hälften stärker miteinander. Kein Wunder also, dass die Gehirne von Mädchen und Jungen zum Teil anders funktionieren – sie sind ja auch anders »geschaltet«.

Mädchen verhandeln, Jungen kämpfen

Die Folgen des unterschiedlichen Wachstums und der verschieden starken Vernetzung der Gehirnhälften untersuchen Hirnforscher wie Prof. Manfred Spitzer, der das Transferzentrum für Neurowissenschaft und Lernen an der Uniklinik für Psychiatrie in Ulm leitet. Die Wissenschaftler kamen zum Beispiel zu dem Ergebnis, dass Jungen mathematische und technische Überlegungen deutlich besser anstellen können, da hier die rechte Gehirnhälfte stärker gefordert ist. Auch das bessere räumliche Vorstellungsvermögen der Jungen hat hierin seine Ursache. Dies zeigt sich zum Beispiel daran, dass sie einen Gegenstand in Gedanken leichter drehen und sich in unbekanntem Gelände besser orientieren können.

Mädchen dagegen sind aufgrund der stärkeren Verbindung zwischen den beiden Gehirnhälften normalerweise besser in der Lage, komplex zu denken, was ihnen beim Sprachenlernen zugute kommt.

Hintergrund: Arbeitsteilung der Geschlechter – ein Erbe der Steinzeit

Es wird angenommen, dass die angeborenen Unterschiede zwischen den Geschlechtern ihre Ursache in der Evolution haben. Die Aufgabenteilung zwischen Männern und Frauen erforderte auch unterschiedliche Fähigkeiten. So mussten sich schon die (männlichen) Jäger der Steinzeit spezialisieren. Die Jagd erforderte eine Zusammenarbeit in der Gruppe, bei der ein Anführer – in der Regel der Stärkste und Klügste der Männergruppe – den Ton angab. Außerdem mussten die Jäger in der Lage sein, kürzere und längere Strecken zu laufen, wenn sie ein Tier erlegen wollten. Dabei war für sie die Orientierung im Gelände (rechte Gehirnhälfte) überlebensnotwendig. Davon profitieren die Männer der Neuzeit offensichtlich noch immer.

Die Frauen der Steinzeit spezialisierten sich dagegen auf das Sammeln von Beeren, Wurzeln und Ähnlichem sowie auf die Versorgung der Kinder. Dabei konnten sie sich viel unterhalten (Verbindung beider Gehirnhälften), und ihre feinmotorischen Fähigkeiten waren genauso gefragt wie ihr Talent zur Fürsorge (linke Gehirnhälfte). Wen wundert es also, dass Mädchen feinmotorisch so gut entwickelt sind und mit Pinsel und Stift bestens umgehen können? Und auch auf sozialer und kommunikativer Ebene hat ihnen die Natur (oder die Steinzeit?) viel mitgegeben.

Fest steht aber dennoch: Die menschliche Spezies zeigt ein hohes Maß an Rollenflexibilität, die in unserer Gesellschaft auch immer mehr gefordert ist. Allerdings kann die Evolution mit dem hohen Tempo der gesellschaftlichen Veränderungen nicht mithalten – die Gene spulen noch weitgehend das »steinzeitliche« Programm ab.

Sie sind den Jungen meist in der sprachlichen Entwicklung voraus und lernen auch früher lesen. Insbesondere, wenn es darum geht, über Gefühle zu reden, fällt dieser Unterschied auf. Jungen (und Männer) drücken ihre Gefühle oft nicht verbal aus, sondern lieber mit dem Körper. Mädchen dagegen reden gern über Gefühle.

Um ihre Ziele zu erreichen, verhandeln Mädchen eher, wohingegen Jungen stärker ihren Körper einsetzen und den Konkurrenzkampf suchen, um Konflikte zu lösen. Dieser »handlungs- und lösungsorientierte« Ansatz ist sehr effektiv. Er führt schnell zu sichtbaren Ergebnissen. Der »verhandlungsorientierte« Stil der Mädchen (und Frauen) dagegen ist sehr komplex. Sie wägen erst einmal ab und versuchen, alle Faktoren und beteiligten Personen zu berücksichtigen. Dabei helfen ihnen auch ihre sozialen Fähigkeiten, die auf der gut entwickelten linken Gehirnhälfte und der starken Vernetzung beider Hälften beruhen.

Solche unterschiedlichen Verhaltensweisen der Geschlechter sind zwar die Regel, aber selbstverständlich gibt es immer auch die berühmten Ausnahmen. Außerdem haben Sie als Eltern viele Möglichkeiten, Ihr Kind gezielt zu fördern, beispielsweise um die Sprachentwicklung Ihres Sohnes zu verbessern – was ihm auch dabei hilft, mehr über seine Gefühle zu sprechen. In den folgenden Kapiteln finden Sie dazu zahlreiche Anregungen.

Typisch Junge: Testosteron

Das wichtigste männliche Geschlechtshormon Testosteron hemmt nicht nur das Wachstum der linken Gehirnhälfte. Es wirkt sich noch in vielen anderen Bereichen auf Jungen aus. Das überwiegend in den Hoden produzierte Testosteron ist für die Entwicklung der Geschlechtsorgane und der sekundären Geschlechtsmerkmale wie Stimmbruch, Bartwuchs und Schamhaare verantwortlich. Außerdem stimuliert das so genannte Männlichkeitshormon das Knochen- und Muskelwachstum. Es beeinflusst die Stimmungen und den Energiehaushalt, sorgt mitunter für kreative Energieschübe, für Leistungswillen und Konkurrenzdenken, aber auch für hohe Cholesterinwerte. Testosteron wird auch für den Drang zur Aktivität, die Schutzinstinkte sowie Haarausfall verantwortlich gemacht. Später steuert es das sexuelle Verlangen.

Der Testosteronspiegel schwankt deutlich im Laufe eines Männerlebens. Ab der siebten Woche im Mutterleib wird wie gesagt beim männlichen Fötus die Produktion des Hormons angekurbelt, damit sich das Geschlecht entwickeln kann. Ein neugeborener männlicher Säugling hat dann so viel Testosteron im Blut wie ein vorpubertierender Junge – und das ist eine Menge! Nach der Geburt nimmt der Testosteronspiegel dann erst einmal deutlich ab, um im Alter von etwa drei Jahren rasant anzusteigen. Der Junge bekommt einen »Männlichkeitsschub« (siehe unten), der bis zum Grundschulalter anhält. Dann, zwischen sechs und zehn Jahren, geht der Testosteronspiegel wieder zurück – bis zum nächsten großen Schub in der Vorpubertät. Dieser Testosteronanstieg bewirkt die endgültige Entwicklung zum Mann. Das hohe Niveau hält sich dann bis zum Alter von 40 Jahren, danach sinkt der Spiegel ganz langsam ab.

Generell kann man sagen: Je mehr Testosteron im Blut eines Jungen oder Mannes zu finden ist, umso wilder und aggressiver zeigt er sich (und später: umso mehr sexuelles Verlangen besteht). Kein Wunder also, dass die Wortführer und »Machthaber« einen deutlich höheren Testosteronspiegel haben als andere Männer.

Was dabei aber nicht übersehen werden darf: Auch die sozialen Rahmenbedingungen haben Einfluss auf die Hormonproduktion. Wie Studien gezeigt haben, führen ein autoritärer Erziehungsstil zu Hause und in der Schule sowie ein gewaltbereites Umfeld – etwa die Wohngegend – zu einer höheren Testosteronproduktion. Der Junge scheint dann ständig unter Strom zu stehen, und die Gewaltbereitschaft steigt.

Geschlechtstypisches Verhalten ist aber nicht nur eine Frage der Biologie. Schließlich bestimmt die Gesellschaft, was als männlich gilt. Und daran orientieren sich kleine und große Jungen.

Auf der Suche nach der Geschlechtsidentität

Jungen und Mädchen versuchen sich so zu verhalten, wie sie glauben, dass es »richtig« ist. Besonders im Kleinkindalter von drei bis sechs Jahren (und in der Pubertät ab zwölf) legen die meisten Jungen und Mädchen größten Wert darauf, sich sehr »typisch« zu benehmen. Sie versuchen mit ihrem Geschlecht und der dazugehörigen Rolle identisch zu werden. Das beginnt im Alter von etwa drei Jahren, wenn ihnen die Geschlechtsunterschiede bewusst werden und sie sich ihres eigenen Geschlechts sicher sind. Beim Jungen steigt parallel dazu der Testosteronspiegel an. Und die Entwicklung zum typischen Jungen gelangt in die so genannte Trotzphase. Die Jungen (und die Mädchen übrigens auch, nur meist deutlich weniger) begehren auf, grenzen sich deutlich von Eltern und Mädchen ab, revoltieren, loten ihre Grenzen aus und suchen nicht selten den Machtkampf. In der so genannten »kleinen Pubertät« gebärden sich Jungen bisweilen wie kleine Halbstarke. Sie scheinen jetzt ihre Männlichkeit zu entdecken. Sie werden sich ihrer körperlichen Kraft bewusst, die sie auch gern mit anderen Jungen messen. Manchmal schlagen sie dann auch zu und zeigen sich aggressiv.

Insgesamt werden Jungen ab drei Jahren wesentlich aktiver und lauter, mutiger und abenteuerlustiger als vorher. Sie entdecken bald auch Schieß- und Kampfspiele, am liebsten mit Pistole oder Schwert. Sollten sich im eigenen Kinderzimmer keine Spielzeugwaffen finden, so werden eben alle möglichen Gegenstände zum Gewehr umfunktioniert. Jungen »schießen« aber auch gern mit Schimpfwörtern und Kraftausdrücken durch die Gegend.

Im Grundschulalter werden die Jungen dann – mit abnehmendem Testosteron – wesentlich ruhiger, wobei ihre typischen Verhaltensweisen bestehen bleiben, etwa die coolen Sprüche, das große Bedürfnis nach körperlicher Aktivität und die Lust am Abenteuer.

Diese relative Ruhe endet abrupt, wenn der Testosteronspiegel in der Vorpubertät ab etwa zwölf Jahren wieder rapide ansteigt. Das

Bericht aus dem richtigen Leben: »Die Puppe kann weg!«

»Ich habe mich früher oft gefragt, ob Jungen wirklich anders sind. Ich meine, von Geburt an sozusagen. Ich dachte eigentlich, das, was immer als ›typisch Mädchen‹ oder ›typisch Junge‹ gilt, wäre doch eher anerzogen und tat mich lange schwer, die Unterschiede anzuerkennen. Aber als mein Sohn Thomas sich vom Baby zum Kleinkind entwickelte, merkte ich, dass das Geschlecht sehr wohl einen Unterschied machte. Das hätte ich absolut nicht erwartet, weil ich mir immer solche Mühe gab, keine Unterschiede zu machen und Thomas, wie früher meiner Tochter Sarah, die ganze Palette an Spielzeug mitzugeben: von den Puppen bis zu den Autos, von den Bauklötzen bis zur Eisenbahn und Puppenküche.

Konnte ich Sarah noch bewusst mit Autos und Lego – und selbstverständlich auch mit Puppen – beschenken, so haben meine Bemühungen, meine Kindheitspuppe samt Puppenbett und bestens ausgestattetem Puppenschrank an meinen Sohn zu bringen, ein jähes Ende gefunden. Im Alter von vier Jahren, als wir einmal gemeinsam sein Zimmer aufräumten, drückte mir Thomas die Puppe mit den Worten in die Hand: ›Glaub endlich, Mama, ich spiele nicht mit Puppen. Die kann weg!‹

Übrigens kann ich mich nicht daran erinnern, ihn jemals zum Puppenspielen aufgefordert zu haben. Und ich weiß aus dem Kindergarten, dass Thomas sehr wohl mit anderen Kindern Puppen versorgt. Aber ich hatte nach dieser klaren Ansage doch ein Einsehen und nahm die Puppe samt Zubehör wieder an mich. – Und ich habe endlich begriffen: Ich habe einen Sohn.«

Sabine, 31, Mutter von Sarah und Thomas

bedeutet meist inneres und äußeres Chaos, ein starkes sexuelles Verlangen und überschießende Kräfte – Pubertät eben. In den nächsten Jahren wird nach der eigenen Geschlechterrolle gesucht, ein Prozess, der meist ein Leben lang anhält.

Beiden Geschlechtern gerecht werden

Es gibt also tatsächlich einige Unterschiede zwischen den Geschlechtern – sowohl angeborene, als auch erworbene. Beide hängen eng miteinander zusammen. Dieses Wissen erleichtert Eltern, Erzieherinnen und Lehrern die Akzeptanz und ermöglicht Verständnis. Dabei dürfen wir aber auch die Gemeinsamkeiten nicht vergessen

Kleine Cowboys finden immer etwas, mit dem sie »peng-peng« machen können.

und die Tatsache, dass in allen Menschen sowohl weibliche als auch männliche Anteile stecken. Und natürlich dürfen dabei nicht die »untypischen« Jungen (und Mädchen) außen vor bleiben und zu Außenseitern abgestempelt werden.

Die Erkenntnisse über die Geschlechtsunterschiede sollen keinesfalls Gleichmacherei, Abgrenzung oder eine strikte Geschlechtertrennung befördern. Und sie dürfen auch keine Ausrede oder Entschuldigung dafür sein, wenn sich Jungen zum Beispiel unsozial oder gewalttätig verhalten, oder Mädchen behaupten, sie könnten einfach nicht rechnen, weil sie eben Mädchen seien. Vielmehr geht es darum, beiden Geschlechtern gerecht zu werden, sie besonders dort zu fördern, wo sie sich schwer tun. So können wir Jungen zum Beispiel darin unterstützen, mehr soziale Interessen zu entwickeln und über Gefühle zu reden. Und bei Mädchen können wir etwa das Interesse für Technik und räumliches Verständnis wecken. Gerecht zu sein bedeutet dann eben nicht, alle gleich zu behandeln, sondern vielmehr jedem auf angemessene Weise gerecht zu werden. Ziel ist die Chancengleichheit für beide Geschlechter, damit alle die wichtigen Kompetenzen entwickeln können, die ihnen in unserer Gesellschaft dieselben Chancen eröffnen.

Vergleiche sind ungerecht

Zur Chancengerechtigkeit gehört aber auch, dass wir Mädchen und Jungen nicht immer miteinander vergleichen. Klar, am einfachsten lassen sich die Unterschiede beider Geschlechter durch Vergleiche zwischen Mädchen und Jungen konkretisieren. Solche Gegenüberstellungen haben aber ihre Tücken. Vergleichen wir nämlich Mädchen und Jungen miteinander, so kommen wir zum Beispiel zu folgenden Ergebnissen:

Jungen

- entwickeln sich bis zum Schulalter langsamer (als Mädchen)
- werden später sauber (als Mädchen)

- lernen später sprechen (als Mädchen)
- sind feinmotorisch schwächer (als Mädchen), was sich zum Beispiel aufs Schreiben und die Handschrift auswirkt
- sind weniger berechenbar (als Mädchen) und verstoßen häufiger (als Mädchen) gegen die Regeln
- sind aggressiver und rücksichtsloser (als Mädchen)
- sind die schwächeren Schüler und fallen häufiger durch (als Mädchen)

Diese Aufzählung ließe sich noch weiter fortsetzen. Aber schließlich geht es hier nicht darum, eine möglichst lange Negativliste für Jungen aufzustellen. Vergleichen wir Jungen mit Mädchen, so lässt sich leicht erkennen, dass die Jungen fast immer schlechter abschneiden. Denn wir bewerten das, was Mädchen besser können, als positiv und fördern es – sowohl zu Hause als auch in der Schule. Denn das Verhalten von Mädchen ist in der Regel bequemer, weil es uns weniger herausfordert, weniger laut ist und so weiter. Also erwarten wir von den Jungen, dass sie sich das Betragen der Mädchen zum Vorbild nehmen – weil wir davon ausgehen, wenn Mädchen sich so verhalten, dann müssten Jungen das auch lernen können.

Es ist aber ein Problem, dass unsere Gesellschaft die Entwicklung und das Verhalten von Mädchen zur Norm erklärt hat. Denn es führt zur Benachteiligung der Jungen, da sie den Mädchen in der Regel hinterherhecheln. Es entsteht ein ungleicher Wettbewerb, weil die Jungen diese »Vorbilder« doch nicht erreichen können. Sie sind eben anders, aber nicht schlechter. Und brauchen deshalb auch andere Rahmenbedingungen als Mädchen. Das gilt sowohl für den Kindergarten und die Schule als auch für die Erziehung in der Familie.

Erst wenn wir von dieser Erwartungshaltung abrücken, wenn wir nicht mehr Äpfel mit Birnen vergleichen, können wir beiden gerecht werden. In den folgenden Kapiteln wollen wir deshalb beleuchten, welche Bedürfnisse Jungen haben, was sie brauchen, damit sie sich gesund und glücklich entwickeln können, damit sie fürs Leben kompetent werden. Wir wollen aufzeigen, welches

Lebensumfeld zu Hause, im Kindergarten und in der Schule für Jungen förderlich ist.

Das umfasst verschiedene Lebensbereiche:

- die Welt der Bewegung
- die Welt der Kommunikation
- die Welt der Vorbilder und
- die Welt in Kindergarten und Schule

Was macht eigentlich eine Jungenbeauftragte?

Interview mit Gabriele Teschner, 49, Lehrerin und Jungenbeauftrage an einer Münchner Realschule, selbst Mutter von drei Söhnen (19, 20 und 23) und einer Tochter (21).

Frau Teschner, wie wurden Sie ausgerechnet als Frau Jungenbeauftragte?

Das hat sich so ergeben, da unser bisheriger (männlicher) Jungenbeauftragter von seinem Amt zurückgetreten ist und sich leider kein anderer männlicher Kollege als Nachfolger zur Verfügung gestellt hat. Das Amt sollte aber unbedingt besetzt werden, auch weil unsere Schule zu 75 Prozent von Jungs besucht wird, da eine reine Mädchenrealschule in der Nähe einen großen Anteil der Mädchen abzieht. Nun wurde ich von den Schülern bereits zur Verbindungslehrerin gewählt und also auch in dieser Funktion von der Mehrheit der Jungs akzeptiert. So bot sich die erweiterte Aufgabe als Jungenbeauftragte für mich an.

Außerdem meinte unser Kollegium, dass ich sowieso »der beste Mann im Hause« sei, was sich wahrscheinlich auf meine Durchsetzungsfähigkeit und meine direkte Art beziehen sollte.

Da ich selbst drei Söhne habe und jahrelang an einer Realschule mit einem großen Ausländeranteil unterrichtet habe, kenne ich die Probleme des männlichen Geschlechts, vor allem während der

Pubertät – die übrigens für Jungs mit Migrationshintergrund besonders schwierig ist – ziemlich gut.

Werden Sie von den Schülern akzeptiert oder glauben Sie, ein männlicher Kollege hätte es leichter?

Ich glaube schon, dass ich von den Jungs akzeptiert werde, da sie mich immer wieder als Ansprechpartnerin für »Männerangelegenheiten« suchen. Dennoch wäre es meines Erachtens besser, einen geeigneten Mann für diesen Posten zu finden, den natürlich auch die Jungs akzeptieren müssten.

Glauben Sie, dass Jungen in unserer Gesellschaft benachteiligt sind?

Ich bin davon überzeugt. Eine mögliche Ursache liegt auch in der in meinen Augen fast übertriebenen Förderung der Mädchen während der letzten Jahre – da wurden die Jungen einfach vergessen.

Außerdem sind Jungen allein schon dadurch benachteiligt, dass ihnen keine männlichen Bezugspersonen zur Verfügung stehen, sei es in der Familie, zum Beispiel durch Scheidungssituationen oder auch durch eine Überrepräsentation von weiblichen Lehrkräften. Auch das Verteufeln des männlichen Geschlechts bei Scheidungen stärkt nicht gerade das Selbstwertgefühl der Jungs.

Außerdem stelle ich fest, dass die wenigsten Mädchen sich stundenlang mit Computerspielen beschäftigen oder die Nächte am PC »durchchatten«. Das schadet den Jungs sehr.

Die Kommunikation zwischen den Mädchen klappt meist auch besser, persönliche Probleme werden eher untereinander besprochen. Die Mädchen haben in der Regel eine spitzere Zunge und sind den Jungs auch argumentativ oft überlegen.

Können Sie Leistungsunterschiede zwischen Jungen und Mädchen feststellen?

Die bei Mädchen früher einsetzende Pubertät lässt sie in der Schule meist dann ein Leistungstief durchmachen, wenn sie noch in den unteren Klassenstufen der Realschule sind. Stehen dann in den beiden oberen Klassen Tests an, sind sie meist wieder voll leistungsfähig und schreiben bessere Noten als ihre männlichen Klassenkameraden.

In der Abschlussprüfung haben die Mädchen in der Regel den besseren Notendurchschnitt; sie sind meist zielstrebiger und wissen eher, welchen weiteren Ausbildungsweg sie einschlagen möchten.

In meiner 9. Klasse zum Beispiel sind die Mädchen sehr hinter guten Noten her und feilschen bei einem Leistungsnachweis um jeden Punkt. Die Jungs akzeptieren schlechtere Noten dagegen eher und sehen ihre eigenen Schwachstellen schneller ein.

Was sind Ihre Erfahrungen mit Störungen im Unterricht?
In den letzten Jahren haben wir immer mehr sehr unruhige Schüler. Das inzwischen von Kinderärzten vermehrt diagnostizierte ADS bzw. ADHS kommt an unserer Schule – zumindest attestiert – nur bei Jungs vor. Ein Teil dieser Schüler fällt durch aktive Unterrichtsstörungen auf: Sie müssen ständig mit Verhaltensauffälligkeiten auf sich aufmerksam machen, legen ein »Zappelphilipp-Verhalten« an den Tag, sind besonders leicht frustriert und daher auch oft aggressiv, können sich nicht konzentrieren, haben Lernprobleme, vergessen Hausaufgaben, haben eine chaotische Heftführung und Schrift. Der andere Teil von ihnen »träumt« sich einfach weg, weiß nicht, was man gefragt hat, wenn man sie aufruft, und Ähnliches.

Mädchen passen zwar auch nicht immer auf, aber oft nur deshalb, weil sie ihrer Nachbarin gerade die jüngste Begegnung mit ihrem angehimmelten Schwarm aus der Nachbarschaft erzählen wollten.

**Wie sieht es außerhalb des Unterrichts aus?
Fallen Jungen da mehr auf als Mädchen?**
In puncto Zigarettenkonsum zum Beispiel haben wir es an unserer Schule tatsächlich geschafft, den gesamten Schulbereich rauchfrei zu halten. Doch außerhalb des Geländes rauchen vorwiegend Mädchen, vor allem unter 16-jährige.

Im Disziplinarausschuss hatten wir in den letzten Jahren vorwiegend Mädchen, deren familiäre Probleme sich auch in der Schule niederschlugen. Was die Zahl der körperlichen Auseinandersetzungen auf dem Schulhof anbelangt, sind nur kleinere Rangeleien passiert, wobei da vorrangig Jungs beteiligt waren.

Worin sehen Sie Ihre Aufgabe als Jungenbeauftragte an einer Realschule?

Ich setze mich für eine Förderung der schüchternen Jungs ein, habe einen Selbstbehauptungskurs durch einen Sozialpädagogen angeboten. Leider kam der Kurs mangels Eltern- und Schülerinteresse in diesem Jahr nicht zustande. Ich ermuntere die Jungs, Gefühle zu artikulieren, nehme ihre Probleme ernst und versuche ihre Selbstständigkeit zu fördern. Am so genannten Boys' Day habe ich einen Bügel- und Nähkurs für sie angesetzt, damit sie später in ihren Singlehaushalten besser zurechtkommen und sich auch innerhalb ihrer Partnerschaften mehr in die Hausarbeit einbringen können. Außerdem bespreche ich mit ihnen das Thema »sexueller Missbrauch von Schutzbefohlenen«.

Das auf Fortbildungsveranstaltungen erworbene Wissen versuche ich den Kolleginnen und Kollegen im Gespräch weiterzugeben bzw. in Konferenzen zu vermitteln.

Für die homosexuellen Jungs möchte ich mich ebenfalls einsetzen, indem ich ein Lernpaket aus dem Pädagogischen Institut durcharbeite. Ich werde dies auf der SMV-Fahrt mit den älteren Klassensprechern zum Thema machen. Die Vorurteile diesbezüglich möchte ich auch im Kollegium abbauen helfen.

Was wäre Ihrer Meinung nach noch hilfreich, um Jungen in Schulen stärker zu berücksichtigen und zu fördern?

Die Jungs haben meines Erachtens zu wenig Raum, um sich körperlich auszuprobieren und ihre Grenzen auszuloten. Sie müssten die Möglichkeit bekommen, in einem geschützten Rahmen mit klaren Regeln ihre Kräfte zu messen. Fußballspielen allein reicht da nicht aus.

Sehr sinnvoll wären auch Nachhilfeprojekte nur für Jungs, ebenso einen Kummerkasten, in dem sie anonym ihre Sorgen und Nöte loswerden könnten. Hilfreich fände ich auch Kommunikations- und »Anbandelungskurse« für Jungs.

Was halten Sie von der Idee, zumindest teilweise von der Koedukation abzuweichen? Bisher galt eine getrennte Unterrichtung von Mädchen und Jungen zum Beispiel in den naturwissenschaftlichen Fächern ja vor allem für Erstere als vorteilhaft. Glauben Sie, dass das auch für Jungen eine Chance sein und Vorteile bringen könnte?

Wenn die unterrichtenden Kollegen für Jungen andere Unterrichtskonzepte zur Verfügung hätten als für Mädchen, könnte das schon Vorteile bringen. Wir haben zwar in einigen Stunden geschlechtergetrennten, es heißt dann »geschlechtergerechten«, Unterricht. Aber die Methoden sind die alten geblieben.

Einen getrennten Unterricht zum Thema Sexualität halte ich allerdings unbedingt für sinnvoll. So gibt es an unserer Schule für die 5. Klassen ein Aufklärungsprojekt, das sich »Ein Agent unterwegs« nennt. Darin werden Schüler und Schülerinnen getrennt auf spielerische Art mit dem Thema Sexualität vertraut gemacht.

Dass sich Jungen anders verhalten, wenn sie unter sich sind, ist auch im Unterricht zu erkennen. Ich habe allerdings noch nicht beobachtet, dass sich dann auch die Noten verbessern. Dagegen habe ich in meiner 9. Klasse erlebt, dass Mädchen oft die »Zugpferde« bezüglich des Arbeits- und Leistungsverhaltens sind und manch träger Junge sich dadurch angespornt fühlt, weil er sich nicht blamieren will. Insofern möchte ich in meinem Unterricht (Rechnungswesen, Wirtschafts- und Rechtslehre, Erdkunde, Skill) nicht auf die Koedukation verzichten. Ich würde aber vor allem in kleineren Klassen die Chance zu einer erheblichen Verbesserung des Unterrichts für beide Geschlechter sehen.

Haben Sie Ideen, wie Jungen in ihren Familien und in der Gesellschaft besser unterstützt werden können?
Grundsätzlich würde ich mir für die Jungs wünschen, dass sie in ihrer Kindheit und Jugend mit mehr Männern zusammentreffen und in ihnen mehr Vorbilder finden, die ihnen das Zusammenleben mit anderen, egal in welcher Lebenssituation, erleichtern. Ob dies mit einer angeordneten »Männerquote« in Erziehungsberufen erreicht werden kann, weiß ich nicht. Die Erziehung erfolgt leider meist nur durch Frauen, somit tragen auch sie einen großen Teil dazu bei, welches Rollenverständnis den Jungen vermittelt wird. Solange veraltete Rollenbilder weitergetragen werden, tut sich die Schule schwer, das Miteinander der Geschlechter gleichberechtigt und auf Toleranz und Achtung ausgerichtet zu steuern.

Die körperlichen Unterschiede und Vorlieben der Geschlechter zu berücksichtigen wäre dagegen relativ leicht. Erlebnispädagogik, mehr Sportunterricht, kleinere Klassen, differenzierte geschlechtergerechte Lernansätze in Sprachen und Naturwissenschaften sind sicher lohnende Ansätze – aber eben auch steigende Kostenfaktoren im Schulwesen, die das öffentliche Finanzwesen als Investition in die Zukunft unserer Gesellschaft vermehrt tätigen müsste.

Vielen Dank für dieses Interview!

2

Den eigenen Körper beherrschen lernen

Ohne Bewegung geht gar nichts. Das gilt ganz besonders für Kinder. Und für Jungen noch ein bisschen mehr. Sie müssen ihren Bewegungsdrang ausleben, um zu lernen und körperlich wie geistig zu wachsen. Stillsitzen ist für sie die reine Qual. Deshalb heißt es: Bewegungskiller wie Fernsehen und Computerspiele reduzieren. Sport, Abenteuer und Bewegungsspiele fördern.

Kinder brauchen Bewegung

Bewegung ist für Menschen (eigentlich) die natürlichste Sache der Welt. Schon im Mutterleib bewegen sich Babys fast ununterbrochen, und auch ein Säugling strampelt im wachen Zustand nahezu permanent – und sichtlich lustvoll. Ein Baby setzt alles daran, sich so bald wie möglich (fort-)bewegen zu können, zuerst kriechend, dann krabbelnd, gehend und schließlich laufend. Später hüpft ein Kind dann vor Freude, es rennt und klettert, es schaukelt, springt und tobt. Über ein Kind, das diesen Bewegungsdrang scheinbar nicht verspürt, machen wir uns ernsthaft Sorgen.

Wir wissen zwar, dass der Mensch nicht zum Sitzen, sondern zum Bewegen geboren ist. Aber trotzdem schränken wir die Bewegungsfreiheit auch bei unseren Kindern ein und zwingen sie schon früh zum Stillsitzen. Dabei ist vor allem für kleine Kinder längeres Stillsitzen eine Qual, denn der kindliche Körper verlangt instinktiv nach viel Bewegung. Und nur wer seinen Bewegungsdrang ausleben darf, kann auch (eine Zeit lang) still sitzen. Hinzu kommt, dass

Kinder zum Aufbau ihrer körperlichen Funktionen und ihrer Gesundheit weit mehr Bewegung brauchen als Erwachsene, bei denen es »nur« um den Erhalt des Aufgebauten geht. Kinder lernen die Welt über Bewegung kennen: durch greifen, tasten und laufen. Über körperliche Bewegung stärken sie nicht nur die Motorik, sondern auch ihre kognitive, soziale und emotionale Entwicklung. Erst durch Bewegung entwickeln sich die Koordination und das Denken, und es werden Verschaltungen im Gehirn ermöglicht, die zu einer aktiveren »Kopfarbeit« und zu einer höheren Leistungsfähigkeit führen.

Jungen brauchen noch mehr Bewegung

Da Jungen 30 Prozent mehr Muskelmasse besitzen als Mädchen, ist es kein Wunder, dass ihr Bewegungsdrang entsprechend größer ist.

Jungen klettern am liebsten ganz hoch hinauf – damit folgen sie ihrem natürlichen Bewegungsbedürfnis.

Hintergrund: rennen, um zu überleben

Die Gründe für die unterschiedlichen muskulären und energetischen Anlagen beider Geschlechter sehen Forscher in der Zeit unserer Urväter, als die Männer noch auf die Jagd gingen und bis zu 40 Kilometer am Tag laufen mussten (mit Zwischenspurts), um ein Tier zu erlegen. Dagegen bewegten sich die Frauen beim Pflücken von Beeren und Wurzeln deutlich langsamer, aber ausdauernd (siehe dazu auch Kasten Seite 18).

In jedem Fall ist eines sicher: Bewegung gehört ganz selbstverständlich zur menschlichen Spezies. Ob Jäger und Sammler, Nomaden oder sesshafte Ackerbauern – Menschen mussten sich immer viel bewegen, um zu überleben. Erst in neuerer Zeit hat sich das grundlegend gewandelt. In der modernen Gesellschaft sitzt der Mensch immer mehr, was ihm bekanntlich gar nicht bekommt – denn sein Körper ist auf Aktivität ausgerichtet. Manche Erwachsene laufen gegen die Bewegungsarmut an, die meisten aber bleiben wider besseres Wissen sitzen. Die Folge: Arztpraxen und Kliniken sind voll von Patienten mit Rückenbeschwerden und Herz-Kreislauf-Erkrankungen. Auch Übergewicht und der »Maus-Arm« (vom vielen Arbeiten mit der Computermaus) sind die Folgen.

Schließlich will die Masse auch bewegt werden, damit sich der Muskelapparat aufbauen kann. Denn wenn Muskeln nicht genutzt werden, schrumpfen sie – und das wäre doch schade!

Auch der große Energieumsatz von Jungen dürfte dazu beitragen, dass sie sich besonders viel bewegen müssen. Mit dem Testosteronschub im dritten Lebensjahr steigt dieses Bedürfnis deutlich an.

Die kleinen Kerle spielen am liebsten mit ganzem Körpereinsatz. Sie toben, kämpfen, rennen, klettern, balancieren auf Mauern, hüpfen weit und über Hindernisse, springen aus immer größerer Höhe herunter. Sie rutschen, drehen sich im Karussell, schaukeln und schwingen. Für die Fortbewegung benutzen sie auch bald ein Dreirad, einen Roller oder ein Fahrrad, das erhöht die Geschwindigkeit und schult unter anderem den Gleichgewichtssinn.

Jungen leben diesen natürlichen Drang aus, wann immer sie dazu die Möglichkeit haben. Im Alter von vier bis fünf Jahren spielen sie am liebsten mit anderen Jungen in größeren Gruppen und im Freien. Sie messen dann kämpferisch ihre Kräfte, sie toben – manchmal bis zur Grenze der Aggression. Sie erobern mit ihrem ganzen Körper die Umwelt und nehmen fast jede körperliche Herausforderung an.

Bewegung fördert die gesamte Entwicklung

Bewegung hält gesund und macht widerstandsfähig. Aber natürlich geht es nicht immer ohne Blessuren ab, schließlich müssen Kinder erst Gefahren einschätzen lernen, ihren Gleichgewichtssinn entwickeln und ihre Körperbeherrschung schulen. Doch mit zunehmender Übung und Erfahrung bekommen die Kleinen immer mehr Sicherheit. Durch ihre Erfolgserlebnisse gewinnen sie mehr und mehr Zutrauen in ihre eigenen Fähigkeiten – und das stärkt das Selbstbewusstsein und fördert die Selbstständigkeit.

Bewegung ist aber nicht nur für den Körper gut, sie schult auch die Sinne und ermöglicht Kindern viele wichtige Erfahrungen. So lernen sie zum Beispiel beim Ballspielen, dass ein Ball gar nicht so leicht zu kontrollieren ist und wegrollt, wohingegen ein Stock liegen bleibt. Beim körperbetonten Spielen fassen sie auch vieles an, fühlen unterschiedliche Materialien, entdecken die Umwelt mit den Augen, mit der Nase und den Ohren. So bekommen sie viele Entwicklungsanreize und Erfahrungen aus erster Hand.

Was die Bewegung einschränkt

Es spricht also eigentlich alles dafür, Jungen (und Mädchen natürlich auch!) ihren Bewegungsdrang und ebenso ihre Abenteuerlust ungehindert ausleben zu lassen. Nur fehlen dafür heute meist die Möglichkeiten. Was zuallererst daran liegt, dass die Spiel- und Bewegungsräume für Kinder immer weniger werden. Gerade im städtischen Bereich, in dem die meisten Kinder aufwachsen, werden die Spielplätze kleiner oder gleich ganz verbaut. Bolzplätze sind zu echten Raritäten geworden, natürliches, wildes Gelände, in dem sie auf die Pirsch gehen können, erst recht.

Dagegen gibt es viele »bewegungsfeindliche« Orte, wo von Kindern stillstehen oder -sitzen verlangt wird: im Klassenzimmer, in Restaurants, in Wartezimmern. Sogar in vielen Kindergärten gibt es nur wenig Zeit und Raum zum (freien) Toben und Rennen.

Der Trend geht eindeutig hin zur organisierten Freizeit und zu Events – und das schon für ganz kleine Kinder. Das heißt, Erwachsene veranstalten angeleitete Freizeitaktivitäten für Kinder. So werden zum Beispiel allerlei Kurse und Führungen für Grundschulkinder angeboten oder Kinderanimationen im Urlaub. Davon abgesehen, dass Kinder auf diese Weise verplant werden, muss bei ihnen auch der Eindruck entstehen, die Großen müssten ihnen immer etwas bieten bzw. vorschreiben. Die Idee, aus eigener Initiative Spielräume und -möglichkeiten zu suchen und die Welt selbst zu entdecken, kommt ihnen erst gar nicht mehr.

Noch kreativitätsfeindlicher als die durchorganisierte Freizeit ist das statische und passive Sitzen am Computer und vor dem Fernseher. Das sind die Bewegungskiller Nummer eins, die schon die Kleinsten von körperlichen Aktivitäten abhalten – wenn die Eltern es zulassen. Hinzu kommt, dass die Erfahrungen, die Kinder beim Klettern oder Rennen machen, über die Medien, wenn überhaupt, nur aus zweiter Hand vermittelt werden. Das kann dann so aussehen: »Im Fernsehen hat der kleine König mal einen Purzelbaum gemacht. Ich weiß, wie das geht. Aber ich hab noch nie selbst einen versucht und weiß nicht, wie sich das anfühlt.«

Die gesundheitlichen Folgen für Körper und Psyche, die ein zu häufiger und ungeeigneter Fernsehkonsum oder das Spielen am PC haben, sind hinlänglich bekannt: Antriebslosigkeit, Schlaflosigkeit, Übergewicht, Realitätsverlust, Muskelschwäche ...

Außerdem führen solche Freizeitaktivitäten zu Isolation und Kommunikationsarmut. Kinder spielen heute ohnehin immer häufiger allein, es finden sich in der Nachbarschaft, im Kindergarten und in der Schule immer weniger Spielkameraden, die nachmittags noch Zeit haben. Gerade für die gruppenorientierten Jungen ist das ein großer Verlust. Sie verpassen ein wichtiges Stück ihrer typischen Kindheit. Und wenn sie dann mal einen Spielpartner haben – wo

Bericht aus dem richtigen Leben: Sport – so viel wie möglich!

»Bastian ist jetzt fünf und ein richtiges Energiebündel. Wir wundern uns manchmal, wie er es schafft, ständig in Bewegung zu sein. Er war schon als Baby so. Kaum ist er gekrabbelt, war er ständig auf Achse. Dasselbe als er gehen konnte. Da mussten wir Eltern immer hinterher sein und aufpassen. Wir dachten sogar schon mal, dass er hyperaktiv sein könnte, weil er gar nicht länger still sitzen will. Aber inzwischen merken wir, dass es ihm einfach gut tut, wenn er sich bewegen kann. Bastian geht jetzt zweimal die Woche am Nachmittag zum Sport, einmal zum Kinderturnen, das andere Mal zum Handball. Und oft sportelt er dann zu Hause noch weiter. Aber wir beobachten jetzt auch, dass er länger ruhig sitzen und sich konzentrieren kann – vielleicht gerade deshalb, weil er immer ausreichend Bewegung hat.«

Senta und Erik, 28 und 30, Eltern von Bastian

sollen sie hingehen? Die Wohnungen sind gerade für bewegungsfreudige Spiele meist zu klein und ungeeignet, und draußen ist es oft viel zu gefährlich. Nicht nur der zunehmende Verkehr schränkt den Spiel- und Bewegungstrieb ein, gleichzeitig lassen Berichte von Kinderschändern die Eltern besonders vorsichtig werden. Es ist nur zu verständlich, wenn Sie sich deshalb Sorgen machen. Dabei sollten Sie sich aber auch fragen, ob Sie nicht überbehütend reagieren oder vielleicht doch aus Bequemlichkeit oder Zeitmangel nicht mit Ihrem Kind zum Spiel- oder Bolzplatz gehen.

Die Folgen von Bewegungsmangel

Die Mühe, die es kostet, den Bewegungsdrang von Kindern zu fördern, lohnt sich bestimmt. Denn die Folgen von Bewegungsmangel sind gravierend. Die fehlenden körperlichen Erfahrungen führen zu einer ungenügenden Körperbeherrschung, zu Haltungsschäden, zu einem schwachen Gleichgewichtssinn und einer eingeschränkten Reaktionsfähigkeit. Das gesamte Muskel-, Skelett- und Nervensystem ist weniger trainiert, was auch zu mehr und schwereren Unfällen führt.

Ärzte und Sportlehrer stellen immer häufiger motorische Schwächen bei Kindern fest. Sie bemängeln, dass bereits viele Grundschulkinder grundlegende Bewegungsabläufe nicht mehr beherrschen, beispielsweise eine Rolle vorwärts schlagen, laufen, springen und werfen. Auch Übungen, bei denen Kinder ihr eigenes Körpergewicht halten müssen, gelingen immer seltener. Das zeigt sich zum Beispiel bei Klimmzügen, beim Handstand oder wenn sie an einem Seil hochklettern sollen. Glaubt man den Prognosen, dann dürfte sich diese Tendenz zur Bewegungsschwäche noch verstärken.

Neben den körperlichen Folgen fehlen Kindern mit wenig Bewegungsmöglichkeiten aber auch wichtige Erfahrungen. Ihre Wahrnehmung und Koordination sind gestört, manchmal auch ihr

Verhalten. Immer mehr Forscher sehen zum Beispiel einen Zusammenhang zwischen den eingeschränkten Bewegungsmöglichkeiten und der Zunahme von ADHS, der so genannten Zappelphilipp-Krankheit.

Elterntipp
Das Bewegungsbedürfnis unterstützen

Sie können als Eltern eine Menge tun, damit sich Ihr Sohn viel bewegt und die Lust am Toben nicht verliert:

- Bremsen Sie ihn möglichst wenig aus, wenn er lustvoll und mit ganzem Körpereinsatz spielt. (Sie wissen schon: mit so typischen Sätzen wie: »Nicht so laut! Die Nachbarn, meine Nerven …! Nicht so wild, du bist ja überhaupt nicht zu bändigen …!«).
- Besuchen Sie möglichst oft einen Spielplatz, Wald oder Park, wo Ihr Kind sich richtig ausleben, auf Bäume klettern, schaukeln, rutschen kann …
- Haben Sie einen »Hobbykeller«? Vielleicht können Sie den ja zum Tobekeller machen: Ein günstiger Teppich, möglichst wenig drin, eine Schaukel in die Tür, ein Mini-Trampolin griffbereit, ebenso Bälle, Kissen, Matratzen. Ihr Sohn wird es Ihnen danken – und Ihre Nerven auch.
- Mittlerweile gibt es auch für Kinderzimmer allerlei Sportgeräte: Sprossenwand, Minitrampolin, Boxsack, Schaukel, Hochbett mit Rutsche … Auch eine Hängematte eignet sich bestens für mehr Bewegung im Kinderzimmer. Achten Sie nur darauf, dass das Gerät auch für die Altersgruppe Ihres Kindes empfohlen wird.
- Verzichten Sie auf einen Schreibtischstuhl für Ihr Kind, nehmen Sie lieber einen Sitzball.
- Denken Sie sich mit Ihrem Kind allerlei Bewegungsspiele für die Wohnung aus, zum Beispiel einen Hindernislauf durch die Zimmer oder Tanzen zu unterschiedlicher Musik.
- Besuchen Sie mit Ihrem Sohn im Sportverein Schnupperstunden verschiedener Sportarten. Lassen Sie ihn dann selbst wählen, welche Sportart er ausüben möchte.

- Achten Sie aber nicht nur auf die richtige Sportart, sondern auch auf den passenden Verein und die richtige Mannschaft. Sorgt der Trainer für eine gute Stimmung und für geeignete und faire Wettkämpfe mit anderen Mannschaften? Kommt der Spaß am Sport nicht zu kurz? Hat das Team realistische Chancen zu siegen, aber auch etwa gleich starke Gegner? Nur so ist ein sportlicher Wettkampf für Jungen wirklich befriedigend.
- Lassen Sie den Computer und Fernseher möglichst oft aus, damit die Initiative, Kreativität und Fantasie nicht verloren gehen.

Sport fördert vielerlei Fähigkeiten

Es tut also Not, wieder mehr Bewegung ins Kinderleben zu bringen. Außerdem ist es in unserer Gesellschaft wichtig, dass Jungen rechtzeitig lernen, mit ihrer körperlichen Kraft umzugehen, sie dort auszuleben, wo es angemessen und sinnvoll ist und wo es keinem schadet. Ein ideales Feld dafür sind sportliche Aktivitäten, am besten in der Gruppe.

Im Rahmen des Sports können sich Jungen körperlich austoben und ihre Kräfte messen, ohne Sanktionen befürchten zu müssen. Sie können ihr Bewegungsbedürfnis ausleben und überschüssige Kräfte und Energie abbauen. Gleichzeitig lernen sie Körperbeherrschung und entwickeln Schnelligkeit und Geschicklichkeit. Sie verbessern ihre motorischen Fähigkeiten, verfeinern ihre Technik und beispielsweise das Ballgefühl, erlernen Strategie und Taktik.

Es muss nicht immer Fußball sein

Da Jungen vor allem großräumige Spiele mit festen Regeln und hierarchischen Strukturen lieben, eignen sich dafür viele Arten von Mannschaftssport. Es muss nicht immer Fußball sein! Auch eine so genannte Ballschule für Vorschulkinder, ein vielseitiges Kinderturnen, Hockey, Handball und später Basket- oder Volleyball sind dafür bestens geeignet. Wichtig ist vor allem, dass der spielerische Aspekt beim Ausüben des Sports nicht zu kurz kommt. Denn wenn der Leistungsgedanke zu sehr im Vordergrund steht, wenn Ehrgeiz – auch der von Eltern und Trainern – dazu führt, dass man nur noch um jeden Preis gewinnen will, kann sich Sport schnell von seiner negativen Seite zeigen: Der Körper wird rücksichtslos ausgebeutet, psychischer Druck entsteht, der krank machen kann. Es besteht die Gefahr von folgenschweren Verletzungen; und Aggressivität und Egoismus gewinnen schnell die Oberhand. Auf solche Auswüchse sollten Sie als Eltern immer ein kritisches Auge haben.

Sollte Ihr Sohn keinen Gefallen an einem Teamsport finden, eignen sich auch andere Sportarten. Ein Miteinander entsteht ebenso beim Training von Individualsportarten wie Judo oder

Sport soll vor allem Freude machen. Die Krönung ist natürlich der Sieg des eigenen Teams.

Hintergrund: Welcher Sport ab welchem Alter?

Sie suchen für Ihren Sohn eine passende Sportart? Diese Liste kann Ihnen bei der Orientierung helfen. Fragen Sie aber auch nach, was die örtlichen Sportvereine anbieten. Achten Sie vor allem darauf, dass die Sportarten spielerisch und vielseitig vermittelt werden:

- **Turnen** (ab 2 Jahre): gut für Koordination, Gleichgewichtssinn, Muskelaufbau, Körperkraft und Rhythmusgefühl
- **Schwimmen** (ab 4): gut für das Selbstbewusstsein, den Kreislauf und die Koordination, Muskelaufbau und Fettabbau, beugt orthopädischen Problemen vor
- **Ballschule** (ab 4): gut für Gleichgewichtssinn, Koordination, Umgang mit dem Ball, Finden einer geeigneten Ballsportart
- **Handball, Fußball** (ab 6): gut für Schnelligkeit, Ausdauer, Gleichgewichtssinn, Körperkoordination, Muskulatur, Fettabbau, Gemeinschaftsgefühl und Teamgeist, Raumgefühl
- **Skifahren** (ab 5): gut für Gleichgewichtssinn und Körperbeherrschung, Konzentration, Angstüberwindung, Beinmuskulatur
- **Reiten** (ab 6): meist zuerst voltigieren (auf dem sanft galoppierenden Pferd turnen), gut für Konzentration und seelische Stärke, Angstüberwindung, Verantwortungs- und Beziehungsfähigkeit, Rückenmuskulatur, Balancegefühl
- **Tennis** (ab 6): gut für Konzentration und Koordination, Fettabbau, Bein- und Rückenmuskulatur
- **Tischtennis** (ab 7): gut für Schnelligkeit, Konzentration und Reaktionsfähigkeit, Koordination
- **Judo, Karate** (ab 7): gut für Koordination und Körpergefühl, Reaktionsvermögen, Konzentration und Selbstvertrauen

- **Leichtathletik** (ab 8): gut für Muskulatur, Schnelligkeit, Kraft, Koordination, Vielseitigkeit
- Für verschiedene »kleinere« Sportarten wie Ringen, Basketball, Volleyball, Fechten, Akrobatik oder Rudern werden häufig schon für jüngere Kinder »Vorübungsstunden« angeboten.

Turnen. Die Auswahl ist also groß, und Kinder suchen sich früher oder später ohnehin selbst aus, welchen Sport sie betreiben wollen. Schließlich eignet sich neben dem Vereinssport vor allem für ältere Jungen auch der »Straßensport« – wo dieser noch stattfindet. In vielen Vierteln oder Gemeinden treffen sich am Nachmittag oder Samstag Jungen und junge Männer auf dem Bolzplatz zum Fußball- oder Basketballspiel, oder Gleichgesinnte trainieren gemeinsam mit ihrem Skateboard auf einem geeigneten Gelände.

Damit es ihnen auch richtig Spaß macht, suchen Jungen beim Sport eine mehr oder weniger stark ausgeprägte Wettkampf-Atmosphäre. Denn Jungen messen nun mal für ihr Leben gern ihre Kräfte mit anderen, wollen sehen, wer der Stärkere, Bessere, Coolere ist, wer siegt, wer verliert. Erst wenn ihr Kampfgeist geweckt ist, empfinden die meisten den Sport als wirklich reizvoll. Dann lohnt es sich zu kämpfen, sein Bestes zu geben, Opfer zu bringen und zu üben, um auf der Seite der Gewinner stehen zu können.

Der Junge als Teil der Mannschaft

In einem (Sport-)Team lernen die Jungen weit mehr als ihre körperlichen Fähigkeiten zu verbessern. Sie entwickeln Gemeinschaftsgefühl, bekommen einen Sinn für Teamgeist, für das Zusammenspiel, die gemeinsame Anstrengung für ein gemeinsames Ziel, dafür, sich zurückzunehmen, den Ball abzugeben oder auch zu behalten, wenn es der gemeinsamen Sache dient, kurz: als Mannschaft das Beste zu geben und am Ende möglichst zu siegen. Und wenn das nicht gelingt, dann wird eben gemeinsam verloren. Nirgendwo anders als im Sport lässt es sich wohl besser lernen, ein guter Verlierer zu sein, Niederlagen und Schmerzen als Teil des Lebens zu akzeptieren. Es ist eben auch ein gutes Gefühl, Niederlagen nicht allein tragen zu müssen, sondern das Leid miteinander zu teilen. Das ist für Kinder eine wichtige Erfahrung.

Gerade beim Sport, im Verein und in der eigenen Mannschaft lassen sich überdies schnell Kontakte knüpfen, aus denen manchmal lebenslange Freundschaften entstehen können. Sport bringt aber auch die Generationen zusammen. Denn neben dem Trainer gibt es innerhalb eines Vereins noch viele andere Erwachsene, mit denen die Kinder in Kontakt kommen und von denen sie lernen können. Oft entwickeln die Mitglieder eines Vereins ein starkes Zugehörigkeits- und Geborgenheitsgefühl, nicht selten wird die Mannschaft zur Zweitfamilie.

Körper und Gefühle spüren

Die besonderen Rituale und Regeln beim Sport ermöglichen einen für Jungen ungewohnt engen Körperkontakt mit dem eigenen Geschlecht. Gerade beim Mannschaftssport entwickelt sich meist ein vertrauter Umgang mit Geschlechtsgenossen, der außerhalb des Sports kaum stattfindet. Umarmungen sind nach Siegen eben eine Selbstverständlichkeit – sogar unter harten Jungs! Die Freude über einen Sieg, vor allem, wenn sie im Team erlebt wird, gehört zu den absoluten Hochgefühlen, zu den unvergesslichen Glücksmomenten. Schauen Sie sich doch nur mal die (erwachsenen!) Männer einer Fußballmannschaft beim Jubeln über ein Tor an.

Sportliche Betätigung weckt auch das Gefühl für sich selbst. Beim Sport spüren Jungen sich und ihren Körper besonders intensiv. Sie bekommen einen Zugang zu ihrem Körper. Sie können sich stark und leistungsfähig, erschöpft und ausgepowert – und dabei glücklich – fühlen. Es macht Jungen Spaß, wenn sie sich körperlich verausgaben dürfen. Sportliche Aufgaben fordern sie heraus.

Sport ist einer der wenigen Bereiche, in denen Jungen ihren Gefühlen freien Lauf lassen (dürfen). Hier können sie ausgelassen, laut, gefühlsbetont und leidenschaftlich sein. Sie dürfen offen mit ihren Gefühlen umgehen, auch mit Wut und Trauer (über eine Niederlage), mit Verlegenheit, Scham und Demütigung. Hier dürfen auch Jungen weinen oder sich ausgelassen freuen, triumphieren und stolz auf sich und ihr Team sein.

Sport bildet die Persönlichkeit

Ein bewusst gewählter und sinnvoll ausgeübter Sport dient also nicht nur der körperlichen Ertüchtigung. Er fördert die gesamte Persönlichkeitsentwicklung eines Kindes. Teamgeist und Teamwork wurden schon genannt. Diese wirken sich auch nachhaltig auf das gesamte Gruppen- und Sozialverhalten aus. Ein Junge lernt, anderen gegenüber tolerant zu sein, auf andere Rücksicht zu nehmen und Absprachen zu treffen. Er muss sich an (Spiel-)Regeln halten und sich in Disziplin, Ausdauer und Geduld üben. Er lernt – auch im übertragenen Sinn – fair und sportlich zu sein. Und er muss Durchhaltevermögen erwerben, wenn er erfolgreich sein will. Dieses kommt ihm auch auf anderen Gebieten, zum Beispiel in der Schule, zugute.

Sport stärkt insgesamt den Charakter und das Selbstbewusstsein. Gerade Jungen, die in der Schule schwächer sind oder sich gegenüber älteren oder stärkeren Geschwistern behaupten müssen, die also wenig bis gar keine Anerkennung – zum Beispiel durch gute Noten – bekommen, können diesen Mangel oft auf sportlichem Gebiet kompensieren. Schließlich ist Sport bestens geeignet, um das Selbstwertgefühl zu stärken und Anerkennung zu bekommen – von den Eltern, dem Trainer, den Mitspielern, dem Gegner und dem

Publikum, entweder für eine gute Einzelleistung oder für einen Mannschaftssieg. Das macht Spaß und baut auf!

Ein Junge kann im Sport auch verschiedene Rollen ausprobieren – zum Beispiel in unterschiedlichen Spielpositionen etwa als Torwart, Stürmer oder Abwehrspieler. Als Kapitän kann er sogar eine besondere Verantwortung für die gesamte Mannschaft übernehmen oder sich später selbst als Übungsleiter oder Trainer versuchen. Und er findet fast immer Vorbilder, an denen er sich orientieren kann. Das können Mitspieler, der Trainer oder ältere Spieler sein, aber auch Sportlerpersönlichkeiten, die er sich als Idol wählt. Vielleicht träumt der Junge ja auch von einer Sportlerlaufbahn, auf die er hinarbeiten kann.

Aggressionen kanalisieren

Sport hilft Jungen nicht nur, ihren Körper und ihre Gefühle genauer wahrzunehmen, sondern auch die überschießenden Körperkräfte besser zu kontrollieren. Durch die körperliche Aktivität können sie Ärger und Frust abbauen. Dadurch werden Aggressions- und Gewaltpotenziale kanalisiert und deutlich verringert. Dafür ist nicht nur die Zufriedenheit verantwortlich, die sich einstellt, wenn man sich körperlich so richtig ausgepowert hat. Sondern ein Junge lernt auch, seinen Körper – und damit sich selbst – besser zu beherrschen und seine Kraft »sozialverträglich(er)« einzusetzen. Schon der Sport an sich stellt ein wunderbares Ventil dar, um aggressive Energien sinnvoll und zum Nutzen anderer einzusetzen. Dabei hilft den Jungen auch, dass sie beim Sport an Rituale und Regeln gebunden sind, die ihre Kräfte zugleich kontrollieren – jedenfalls in den meisten Fällen. So finden sie einen verlässlichen Rahmen für eine große Lernaufgabe: die eigenen Energien sinnvoll einzusetzen und Konflikte im doppelten Wortsinn »sportlich« auszutragen.

Nicht immer gelingt es aber so einfach wie beim Sport, Aggressionen zu kontrollieren, wobei sie sich auch dort übermäßig entladen können – bei Spielern, Trainern und Zuschauern gleichermaßen. Letztlich muss ein Kind lernen, seine überschießenden Kräfte im Alltag unter Kontrolle zu halten und sie geregelt und kultiviert auszuleben. Das ist für Jungen oft eine große Herausforderung. Denn sie haben ihren Körper und seine Impulse natürlich noch nicht so gut im Griff wie Erwachsene. Sie müssen erst noch das richtige Maß finden zwischen mutigem Herangehen und aggressiver Grenzüberschreitung. Das zeigt sich erstmals im so genannten Trotzalter, das im dritten Lebensjahr beginnt. Die Spiele unter Jungen werden aggressiver, der Körpereinsatz intensiver, die Wutausbrüche sind oft gefürchtet, und die Kleinen beweisen ihre Kraft zuweilen auch, indem sie heftig um sich schlagen.

Hintergrund: die zwei Seiten der Aggression

Das Wort »Aggression« kommt aus dem Lateinischen und bedeutet »herangehen, vorstoßen, vordringen, angreifen«. Aggressionen sind also gar nicht so negativ, wie wir sie normalerweise werten. Denn hinter der Aggression steckt eine Urkraft, die beispielsweise die für jeden Neubeginn notwendige Energie zur Verfügung stellt. So ist zum Beispiel das Pressen der Mutter bei der Geburt ein aggressiver Akt, ebenso wie der »Kopfsprung« des Kindes aus dem Mutterleib. Ein gewisses Maß an Aggression ist immer nötig, um mutig und entschlossen etwas zu wagen und Herausforderungen in Angriff zu nehmen – und dabei Durchsetzungskraft zu zeigen. Es gibt also eigentlich keinen Grund, Aggressionen grundsätzlich zu verdammen. Im Gegenteil: Sie gehören zum Leben einfach dazu und sorgen dafür, dass wir uns weiterentwickeln.

Oft allerdings fehlt es gerade bei Kindern, die ja noch so viel Entwicklung brauchen, an Raum, um diese starke Energie einzusetzen und auszuleben. Wie oft werden Kinder in ihrem Bewegungsdrang eingeschränkt oder müssen ihre Lautstärke »herunterfahren«. Auch sieht es nicht jede Mutter gern, wenn sich ihr Sohnemann selbstständig macht und die Welt erobert. Und vielen Eltern fällt es schwer, die körperliche Stärke und die Willenskraft ihres Kindes zu würdigen und ihm Aufgaben zu geben, an denen es sich und seine Kräfte erproben kann.

Wird diese aggressive Energie abgelehnt oder stark eingeschränkt, dann zeigt sie sich von ihrer negativen Seite: in Form von Gewalt, die anderen wehtut und die Persönlichkeit des anderen nicht achtet, oder die der Junge gegen selbst richtet. Schlagen oder häufige Wutanfälle, ständige Machtkämpfe oder »Kriege« auf allen möglichen Ebenen sind Indizien dafür, dass sich die Kraft an falscher Stelle zeigt. Dazu gehören beispielsweise auch Actionfilme oder -spiele, mittels deren viele Jungen ihre aggressive Seite ausleben. Wer jemals einen Jungen beobachtet hat, der sich voller Faszination solchen Spielen oder Filmen hingibt, weiß, dass das keine gute Lösung für das »Ausleben« aggressiver Energien ist – mal abgesehen von den Folgen, die diese falschen Vorbilder möglicherweise provozieren, wenn sich die Aggressionen dann doch einmal in der Realität entladen sollten.

Es geht also nicht darum, Aggressionen zu unterdrücken oder zu verdammen. Sondern Kinder müssen lernen, ihre aggressiven Energien konstruktiv einzusetzen. Dazu gehört zum Beispiel, dass sie sich abgrenzen (dürfen), um selbstständig zu werden, dass sie sich an Neues wagen (dürfen), um zu wachsen. Da gerade kleine Jungen sehr körperbetont sind, sind bewegungsfreudige Spiele und sportliche Aktivitäten bestens geeignet, um Aggressionen auszuleben und zu kanalisieren. Aber auch eine positive Streitkultur (siehe Kapitel 3) lenkt starke Kräfte in konstruktive Bahnen.

Elterntipp
Auszeiten für wütende und aggressive Kinder

Gerade Jungen zwischen zwei und sechs und ab zehn Jahren rasten schnell mal aus – auch wenn sie das gar nicht wollen. Sie wissen schon: das Testosteron! Dafür sind auch die Trotzphase und die nahende Pubertät verantwortlich, ebenso wie das individuelle Temperament. Jungen brauchen dann Unterstützung, um einen anderen Weg zu finden, mit ihren überschießenden Energien und Emotionen umzugehen. Schließlich sollen sie lernen, sich zu beherrschen und ihre Wut im Zaum zu halten.

Das können Sie als Eltern tun:

- Versuchen Sie, Ihr Kind in den Arm zu nehmen und festzuhalten, am besten ganz nah an Ihrem Körper – aber nur, wenn es nicht allzu viel Widerstand leistet. Manche Kinder beruhigen sich so nach einiger Zeit, weil sie sich beschützt fühlen.
- Bleiben Sie möglichst ruhig und freundlich, aber bestimmt in Ihren Worten und Handlungen.
- Nehmen Sie den kleinen Wüterich beiseite und setzen Sie ihn auf einen Stuhl, bis er sich beruhigt hat und wieder ansprechbar ist. Rechnen Sie aber damit, dass Sie ein paar blaue Flecke davontragen werden.
- Wenn das Beiseitenehmen nicht hilft: Bringen Sie ihn in sein oder ein anderes Zimmer, in dem er die Möglichkeit hat, seine Wut rauszulassen. Dafür eignen sich: Bettdecke, Sitzkissen (mit Styroporperlen), großer Teddy mit dickem Fell, ein Boxsack oder andere Sportgeräte.
- Reden Sie nach dem Wutanfall in Ruhe mit Ihrem Kind darüber, warum es so wütend war, und überlegen Sie gemeinsam, wie es anders mit seiner Wut umgehen kann.
- Versuchen Sie herauszufinden, welche Ursache hinter seiner Wut oder Aggression steckt. Vielleicht können Sie ihm den Wind aus den Segeln nehmen, indem Sie Verständnis bekunden (selbstverständlich nur, wenn Sie es tatsächlich haben) und damit ein indirektes Gesprächsangebot machen.

- Wenn Sie merken, dass ein Ausbruch unmittelbar bevorsteht, reagieren Sie mit einem Vorschlag, der die Wut kanalisiert. Sie können Ihrem Sohn zum Beispiel anbieten, sich zurückzuziehen und seine Wut abzureagieren. Oder Sie können ihn überraschen und ihn in den Arm nehmen. So lernt Ihr Kind auch selbst besser die Vorzeichen zu erkennen und sich zu zügeln, bevor es zu spät ist.
- Sie wissen schon: Lassen Sie Ihren Sohn viel toben und Sport machen! Das ist schließlich die beste Vorbeugung gegen Wut- und Aggressionsausbrüche.
- Frustration und Aggressivität entladen sich übrigens auch beim Malen und vor allem beim Musizieren. Das Erlernen eines Musikinstruments lohnt sich also auch in dieser Hinsicht!

Wo der Spaß aufhört

Die spielerischen Aggressionen verstärken sich mit zunehmendem Alter. In »Kämpfen« treten die Jungen miteinander in Wettbewerb, um die Hierarchien innerhalb ihrer (Kindergarten-)Gruppe zu klären. Sie messen ihre Kräfte, um herauszufinden, wo sie stehen, wie es momentan um ihren Mut und ihre Angst bestellt ist. Auch dadurch entwickeln sie mehr Geschicklichkeit und Gefühl für den eigenen Körper.

Weil Jungen beim Toben und Balgen am liebsten vollen Körpereinsatz bringen, deuten Erwachsene das oft vorschnell als aggressives Potenzial. Gerade Müttern fehlt (natürlicherweise) in diesem Bereich häufig das Verständnis. Weil sie dieses Bedürfnis ja selbst als Kind nicht verspürt haben, scheinen ihnen harmlose Raufereien und Spaßkämpfe schnell besorgniserregend oder gar behandlungsbedürftig. Aber Vorsicht! Nicht jeder Junge, der sich gern balgt, muss gleich zum Psychologen oder in die Erziehungsberatungsstelle! Andererseits können Aggressionen gegenüber anderen ein Versuch sein, eigene Unsicherheiten zu verbergen. Auch wenig

Achtung und Anerkennung durch andere Männer, insbesondere den eigenen Vater, können dahinter stecken. Es sind also Einfühlungsvermögen und elterliche Kompetenz gefragt, um starke Energien im Einzelfall richtig zu deuten.

Und es kommt selbstverständlich vor, dass ein Junge die Kontrolle verliert und aus dem Spaß plötzlich Ernst wird. Hat er ein Gegenüber, das auch nicht rechtzeitig aufhört, dann kann aus der Balgerei schnell ein aggressiver Kampf werden, bei dem der Kleine alles gibt, was er an Kraft besitzt: Er tritt, boxt und kämpft mit allen Mitteln. Je kleiner und ungeübter er und sein »Gegner« sind, desto weniger kann er einschätzen, wo die Grenze verläuft und wann Schluss ist. Um das zu lernen, sind »Ringkämpfe« mit dem Vater oder Onkel bestens geeignet. Für Mütter ist ein solches Ritual normalerweise nichts. Denn beim Anblick einer Balgerei überkommt sie eher der Impuls zu schlichten, und sie hat Angst, der Kleine – und auch der Große – könnten sich verletzen. Mütter machen aber gern eine Kissenschlacht mit. Wichtig ist, dass es für jede Art von »Kampf« feste Regeln gibt.

Der Teddy hat ein dickes Fell, er verträgt viel und nimmt es auch dem kleinen Wüterich nicht übel, wenn er geboxt wird.

Bericht aus dem richtigen Leben:
Raufen bei jeder Gelegenheit

»Manchmal gehen Paul (9) und Leon (7) so ruppig miteinander um, dass ich dauernd dazwischen gehen will. Ich habe den Eindruck, sie suchen regelrecht Streit, um aufeinander losgehen und sich abreagieren zu können. Besonders nach der Schule oder vor dem Schlafengehen geht's bei uns manchmal so heftig zu, dass ich immer nur darauf warte, dass etwas Schlimmeres passiert. Komischerweise verletzen sie sich aber niemals ernsthaft, obwohl es natürlich schon manchmal Tränen gibt. Die Jungen vertragen sich aber danach wieder erstaunlich schnell – und machen bei der nächsten Gelegenheit weiter. Wenn ich einen von beiden schimpfe, weil er in meinen Augen zu heftig gerauft hat, dann nimmt der andere ihn sofort in Schutz. Mein Mann sagt nur, ich solle das locker sehen, so seien Jungs nun mal. Aber ich weiß nicht... Mir fällt das verdammt schwer.«

Rita, 40, Mutter von Paul und Leon

Elterntipp
Kämpfen Sie mit Ihrem Sohn – natürlich zum Spaß!
Ihr Sohn will sich mit Ihnen messen und Ihnen zeigen, wie stark er schon ist! Außerdem soll er ja lernen, sich selbst zu beherrschen und rechtzeitig aufzuhören. Dazu eignen sich »Ringkämpfe« mit einer (männlichen) Vertrauensperson bestens. Denn sie kontrollieren nicht nur die aggressiven Potenziale, die in jedem stecken. Solche ritualisierten, geregelten Rangeleien helfen dem kleinen Mann, sich selbst zu beherrschen und seine Körperkräfte so zu dosieren, dass er dem anderen nicht (zu sehr) wehtut. Und er lernt Respekt vor der körperlichen Unversehrtheit des anderen. Darüber hinaus

übt ein Junge so auch, auf seine eigenen Gefühle zu achten: Wann wird es mir zu viel? Wann verliere ich die Kontrolle? Wo sind meine Grenzen? Und schließlich lernt er, sich an die Regeln zu halten – und sich dementsprechend zurückzunehmen.

Es ist hilfreich, wenn Sie daraus ein »Kampfritual« machen. Legen Sie Räume und Zeiten fest, in denen Rangeln und Austoben erlaubt sind. In manchen Familien toben sich Vater und Sohn regelmäßig aus, wenn der Vater von der Arbeit nach Hause kommt. Oder es findet am Sonntagmorgen im Elternbett eine Kissenschlacht statt. Die Kinder dürfen dann zu einer bestimmten Zeit mit dem Kissen »bewaffnet« ins Schlafzimmer kommen.

Stellen Sie aber unbedingt klare Regeln auf, an die sich alle zu halten haben. Erklären Sie Ihrem Kind, dass Sie sich sonst gegenseitig wehtun können:

- Wir wollen ausgelassen und wild spielen, aber uns nicht wehtun und verletzen.
- Wenn einer »Stopp!« (oder ein anderes Signalwort) ruft, muss der »Kampf« unterbrochen werden.
- Keiner darf schlagen, boxen, treten, mit den Knien oder Ellenbogen stoßen oder andere an den Haaren ziehen. Auch »Waffen« sind verboten – mit Ausnahme von Kissen oder anderen weichen Gegenständen, auf die man sich vorher geeinigt hat.
- Das Gesicht ist tabu: vor allem Augen und Nase müssen ausdrücklich geschont werden.
- Auch die Genitalien (und bei einer Frau die Brüste) sind tabu, weil es dort besonders wehtut.

Balgen statt Schmusen?

Ein Schubser oder ein Tritt sind noch nicht unbedingt Zeichen von verstärkter Aggression. Ein Junge im Kindergartenalter kann damit auch seine Grenzen austesten, schauen, wie der andere reagiert: die Eltern, die Spielkameraden, die Geschwister. Er kann dann an ihren Reaktionen ablesen, was er damit bewirkt. Spätestens bei der Retourkutsche eines Spielkameraden weiß er, dass es wehtut.

Eine andere ganz normale Ursache für aggressives Verhalten kann das Bedürfnis sein, sich abzureagieren. Oder bei dem kleinen Mann hat sich Frust aufgestaut, oder er braucht ganz einfach mehr Bewegung.

Vielleicht sucht er aber auch auf eine typisch jungenhafte Art und Weise Kontakt. Denn oft wird übersehen, dass Toben und Balgen sinnliche Erfahrungen sind, ein körperliches Erlebnis, das Nähe, Vitalität und Wärme vermittelt, bei dem man sich selbst und den anderen spürt. Zugegeben, zärtliches Schmusen ist etwas anderes. Aber Balgen kann ebenfalls ein Austausch von Zärtlichkeiten sein, wenn auch ein kerniger. Schließlich müssen Kinder auch erfahren, dass es sich anders anfühlt, wenn sie »kämpfen« als wenn sie gestreichelt werden. Viele Jungen haben für diese robuste Variante eine Menge übrig. Sie lieben diese Art von Nähe, vor allem mit dem Vater. Für sie ist das ein echter Liebesbeweis.

3

Die Kommunikation verbessern und Gefühle zulassen

Über Gefühle reden? Vielleicht sogar über Ängste? Ist doch alles Mädchenkram! Oder sollte das etwa doch was für Jungs sein? Als Eltern haben Sie es ein Stück weit in der Hand: Machen Sie Ihrem Sohn das Sprechen und Erzählen schmackhaft. Zum Beispiel durch Interesse, Sprachspiele und Verständnis.

Wie Jungen kommunizieren

Im ersten Kapitel haben wir bereits darauf hingewiesen, dass Jungen in der Regel später sprechen lernen als Mädchen. Das hängt vor allem mit der schwächeren Verbindung zwischen den Gehirnhälften zusammen. Gerade für Sprache und Kommunikation, insbesondere für die Verbalisierung von Gefühlen, spielt der Austausch zwischen der linken und der rechten Gehirnhälfte eine wichtige Rolle.

Schon im Kindergarten lassen sich solche Tendenzen beobachten. Denn die unterschiedlichen Anlagen werden im Umgang mit Geschlechtsgenossen noch verstärkt. Ist der Gesprächsstil von Mädchen in der Regel kooperativ und darauf ausgerichtet, Konflikte zu vermeiden oder schnellstmöglich beizulegen, so ist der Umgangston von Jungen oft rauer; und konfliktscheu zeigen sie sich nur selten. Gleichzeitig reden sie deutlich weniger miteinander und werfen sich lieber »Satzbrocken« oder Spielanweisungen zu – denken Sie zum Beispiel an die knappen, befehlsartigen Zurufe auf dem Fußballplatz. Dafür kommunizieren Jungen oft lieber nonverbal, mit ihrem Körper, etwa während sie Wettkämpfe austragen und miteinander toben. Die Tendenz, relativ wenig zu kommunizieren, verstärkt sich im Lauf der Jahre meist noch. Viele Eltern beklagen sich darüber, dass ihr Sohn »den Mund nicht aufbekommt« und sie keine Ahnung haben, was er eigentlich so treibt.

Sie müssen sich aber nicht damit abfinden, denn Sie können viel dazu beitragen, dass Ihr Sohn gern spricht – nämlich indem Sie die

Bericht aus dem richtigen Leben: »Auf dem Bolzplatz wird nicht diskutiert!«

»Marc (8) geht öfter auf den Bolzplatz zum Fußballspielen und spricht immer voller Bewunderung von Jonas und Stefan, den beiden ›Top-Fußballern‹. Er empfindet es als Ehre, dass sie sich überhaupt ›herablassen‹, mit ihm und den anderen zu spielen. Kürzlich kam er vom Bolzplatz zurück nach Hause und war richtig sauer. Er sagte, er wolle nie wieder dorthin gehen, weil es überhaupt keinen Spaß mache. Als ich nachfragte, erzählte er mir, dass Jonas und Stefan immer gemeinsam gegen alle anderen spielten. Und am Ende, wenn die beiden 10:0 gewonnen hätten, klemmten sie dann den Fußball unter den Arm, machten sich über die ›Luschen‹ lustig und zogen ab. Als ich fragte, wie lange das denn schon so laufe, antwortete er mir: ›Eigentlich schon immer, aber die spielen wirklich saugut.‹ Ich warf ein, ob die beiden guten Fußballer nicht mal gegeneinander spielen könnten. Aber Marc sah mich erstaunt an und erwiderte, die beiden wollten nun mal unbedingt zusammen spielen. Und weil sie so gut seien, dürften sie auch bestimmen. Außerdem wollten sie auf dem Bolzplatz schließlich nicht miteinander diskutieren, sondern Fußball spielen.«

Beate, 35, Mutter von Marc

gemeinsame Kommunikation gezielt fördern. Unterstützen Sie zum Beispiel schon im Babyalter die Sprachentwicklung und vergrößern Sie auf vielfältige Weise die Freude Ihres Sohnes am Reden. Wenn Sie von Anfang an viel Wert aufs Sprechen legen, verstärkt dies sogar die Verbindungen zwischen den Gehirnhälften, wie Studien belegen. Der Verbindungsbalken wird übrigens noch dicker, wenn Sie mit Ihrem Sohn viel über Gefühle reden.

Freude am Sprechen wecken

Wenn Sie schon vom ersten Tag an möglichst viel mit Ihrem Sohn sprechen, bekommt er auch selbst Lust, zu reden und zu erzählen. Und seine sprachliche Kompetenz steigt, denn er lernt die Laute kennen und unterscheiden. Auch wenn Ihr Baby noch nicht versteht, was Sie sagen, profitiert es enorm von einer solchen Frühförderung, natürlich auch emotional. Je mehr (gute) Sprache ein Kind hört, desto besser wird es sich selbst einmal ausdrücken können. Fängt Ihr Sohn an, die ersten Laute von sich zu geben, dann lächeln Sie ihn aufmunternd an. Das motiviert zum Weiterplappern und -sprechen. Und scheuen Sie sich nicht, schon Ihrem Baby zu erzählen, womit Sie gerade beschäftigt sind, wenn Sie es füttern oder etwas im Haushalt erledigen. Beim Waschen und Baden können Sie die einzelnen Körperteile benennen, die Sie berühren. Nennen Sie die Namen von Gegenständen, Tieren und Pflanzen, die Sie zum Beispiel beim Spaziergang im Wald oder beim Anschauen von Büchern sehen. So erwirbt Ihr Sohn einen großen Wortschatz.

Artikulieren Sie die Worte deutlich und verständlich. Aber reden Sie nicht zu laut oder zu viel auf Ihr Kind ein. Vermeiden Sie die Babysprache und formulieren Sie einfache und klare Sätze. Das ist besonders wichtig, wenn Ihr Kind selbst zu sprechen anfängt. Es würde sich durch die Babysprache nicht ernst genommen fühlen – und es hat auch wenig Gelegenheit, seine sprachlichen Fähigkeiten zu verbessern, wenn Sie nicht ein wenig »über seinem

Niveau« reden. Die Regel heißt: Drücken Sie sich immer etwas anspruchsvoller aus, als es der Stand Ihres Kindes ist. Schließlich will es ja seinen Wortschatz erweitern und sprachlich dazulernen. Allerdings würde ein Kind auch die Lust am Sprechen und Erzählen verlieren, wenn es Sie nicht verstehen kann. Deshalb sollten Sie keine Erwachsenendialoge mit ihm führen.

Geben Sie Ihrem Sohn »korrektives Feedback«

Unterbrechen Sie den Redefluss Ihres Kindes nur dann, wenn es zu weit abschweift. Das können Sie zum Beispiel tun, indem Sie das Gehörte zusammenfassen, ohne es zu bewerten. Werfen Sie keine Kritik oder Korrekturen ein, sondern lenken Sie Ihr Kind nur unauffällig beim wechselseitigen Erzählen. Berichtigen Sie es nur indirekt durch »korrektives Feedback«, indem Sie etwas richtig wiederholen und einen Satz gegebenenfalls vervollständigen, etwa wenn Ihr Kind »Hab Hunger!« sagt, wiederholen Sie seine Frage in einem kompletten Satz: »Du hast Hunger und magst gern etwas essen?«

Zeigen Sie sich geduldig und interessiert, wenn Ihnen Ihr Sohn etwas erzählt. Hören Sie aktiv zu, indem Sie nachfragen, ohne ihn auszuhorchen. Achten Sie darauf, dass er nicht durch ein klingelndes Telefon oder ein Geschwister abgelenkt wird. Wenn er (noch) nicht die passenden Worte findet, können Sie ihm auch Vorschläge für geeignete Formulierungen machen, wie: »Warst du in dieser Situation so sauer, weil du unterbrochen wurdest? Wolltest du es eigentlich anders machen, als es geworden ist? Wie hättest du dich denn an Tims Stelle verhalten?«

Machen Sie es sich zur Regel, die Fragen Ihres Kindes immer zu beantworten und sie nicht abzuwimmeln. Wenn Sie etwas nicht wissen, holen Sie ein Nachschlagewerk und forschen Sie gemeinsam nach der richtigen Antwort. Erklären Sie Ihrem Kind auch Zusammenhänge, die für seine Frage relevant sind.

Und noch etwas: Damit Ihre Bemühungen nicht durchkreuzt werden, sollten Sie die Gesprächskiller Nummer eins ins hinterste

Zimmer (nicht ins Kinderzimmer!) verbannen: Fernseher und Computer. Denn hoher Fernsehkonsum und Computergebrauch wirken sich sehr negativ auf die Qualität der Sprache und das Sprechverhalten aus. Fachleute beklagen, dass durch beide Geräte die Sprache immer mehr an Differenziertheit und Wortschatzreichtum verliert und zusehends verarmt – was für Jungen noch mehr als für Mädchen gilt, weil sie laut Statistik deutlich mehr Zeit vor dem Fernseher und dem Computer verbringen.

Elterntipps
Wie Sie das Sprechen fördern

Als Eltern können Sie auf vielfältige Weise die sprachlichen Kompetenzen Ihres Sohnes fördern:

- Erzählen Sie selbst viel; und kommentieren Sie Ihre momentanen Tätigkeiten.
- Lesen Sie Ihrem Kind von Anfang an viel vor. Wählen Sie gute Bilder- und Kinderbücher aus, auch dann noch, wenn Ihr Sohn schon selbst lesen kann. Vergessen Sie auch die Märchen nicht!
- Machen Sie es sich zur Regel, jeden Abend eine Gute-Nacht-Geschichte vorzulesen – natürlich eine, die gut ausgeht.
- Singen Sie möglichst viel miteinander und machen Sie gemeinsam Musik, zum Beispiel auf Trommeln oder Töpfen, auf einem Xylophon oder Ähnlichem.
- Machen Sie mit Ihrem kleinen Kind lustige Fingerspiele und Kniereiter.
- Lesen Sie Ihrem Sohn Gedichte vor, und lernen Sie gemeinsam Verse auswendig. Die Poesie ist die höchste Sprachkunst und Balsam fürs Ohr! Es gibt zum Beispiel viele lustige Kindergedichte. Auch Natur- und Stimmungsgedichte und viele Verse, beispielsweise von Joachim Ringelnatz, sind für Kinderohren bestens geeignet.
- Schenken Sie Ihrem Sohn sprachlich und inhaltlich gute Hör-CDs, die er ab und zu anhören kann. Auch altersgerechte, qualitativ gute Musik-CDs sind geeignet (Tipps siehe Anhang).

- Lassen Sie Ihren Sohn das Gehörte oder im Fernsehen Gesehenes nacherzählen.
- Suchen Sie Bildergeschichten (zum Beispiel die Vater-Sohn-Geschichten von E. O. Plauen), zu denen Ihr Sohn sich eine Geschichte ausdenken kann.
- Nutzen Sie gemeinsame Spiele zum Reden, etwa beim Kaufladenspielen oder bei verschiedenen Gesellschaftsspielen.
- Fordern Sie Ihren Sohn bei allen möglichen Gelegenheiten zum Reden auf. Lassen Sie ihn zum Beispiel der Oma die Regeln eines neuen Spiels erklären, seinen Freund anrufen, wenn er sich verabreden will, dem Bäcker Ihren Einkaufswunsch mitteilen oder jemanden (in Ihrem Beisein) nach dem Weg fragen.
- Nutzen Sie das gemeinsame Abendessen dazu, dass jedes Familienmitglied erzählen darf, was es tagsüber erlebt hat. Will Ihr Sohn nicht so recht? Dann versuchen Sie es mit einem Trick: Stellen Sie einen Küchenwecker auf fünf Minuten ein. Das ist die Mindestredezeit für jede Person. Ein solches Ritual wirkt manchmal Wunder!
- Fördern Sie das Interesse Ihres Sohnes an häuslichen Aktivitäten wie kochen oder dekorieren, denn hierbei lässt es sich wunderbar plaudern.

Mit Sprache spielen

Ist Ihr Sohn sprechfaul? Vielleicht locken Sie ihn ja mit lustigen Sprachspielen aus der Reserve. Sie können viele Spiele auch mal nebenbei machen, zum Beispiel auf einer Autofahrt:

- *Wortketten bilden*: Einer sagt ein Wort, der nächste muss es wiederholen und ein neues Wort ergänzen, bis ein langer Schachtelsatz entstanden ist.
- *Ich sehe was, was du nicht siehst, und das ist …*: Abwechselnd muss jeder einem Gegenstand oder Lebewesen, das er sieht, eine typische Eigenschaft zuordnen (… krumm/gelb/süß: Banane).
- *Reime suchen*: Einer sagt ein Wort, der andere sucht einen Reim darauf.

- *Teekesselchen:* Für Fortgeschrittene: Jeder denkt sich ein Wort aus, das zwei unterschiedliche Bedeutungen hat, etwa »Schimmel« (weißes Pferd und Pilz) oder Leiter (zum Draufsteigen und der Anführer). Diesem Wort werden wiederum Eigenschaften zugeordnet, zum Beispiel »Mein Teekesselchen ist weiß/giftig«.
- *Zungenbrecher gesucht:* »Fischers Fritz …« und ähnliche, auch selbst ausgedachte Wortfolgen oder Verse.
- *Witze erzählen:* macht Jungen Spaß und schult das Sprechvermögen!

Kommunikation kann man lernen

Kommunikation ist der Schlüssel für unser gesellschaftliches Zusammenleben, für unseren Austausch an Informationen oder Bedürfnissen. Zeigen Sie Ihrem Sohn, wie gute Gespräche funktionieren. Auch hier gilt: Gehen Sie mit gutem Beispiel voran. Denn Kinder lernen zuallererst von den Eltern. Bei Ihnen schauen sie sich ab, wie Sie mit anderen kommunizieren, wie Sie sich den Austausch wünschen. Senden Sie grundsätzlich eindeutige Botschaften aus. Das bedeutet zum Beispiel, nicht zu lächeln, wenn Sie ein klares Nein formulieren. Achten Sie also auch auf nonverbale Signale wie Gestik, Mimik, Körperhaltung sowie Stimm- und Stimmungslage. Damit helfen Sie Ihrem Kind, feine Antennen für die Botschaften seiner Gesprächspartner zu entwickeln.

Führen Sie Familiengespräche zu verschiedenen Anlässen, zum Beispiel über den nächsten Urlaub oder Geburtstagsvorbereitungen. Diskutieren Sie mit älteren Kindern auch über gesellschaftsrelevante Themen. Wichtig ist, dass Ihr Sohn sich ernst genommen fühlt und nicht den Eindruck vermittelt bekommt, er hätte keine Ahnung und sei noch zu jung zum Mitreden. Das nimmt ihm garantiert die Lust an solchen Familienräten. Denken Sie auch daran, dass der Ton die Musik macht. Achten Sie deshalb auf eine

Hintergrund: Mit Musik geht alles leichter

Musik macht klug und sprachlich fit. Das konnte in vielen Untersuchungen bewiesen werden. So hat die jüngste Studie am Max-Planck-Institut für Kognitions- und Neurowissenschaften aus dem Jahr 2006 ergeben, dass musizierende Kinder ihren nicht musizierenden Altersgenossen gegenüber deutliche Vorteile haben: Musizierende, aber auch Musik konsumierende Kinder tun aktiv etwas für ihre Sprachfitness. Ihr Gehirn wird durch die Musik insgesamt lernfähiger. Sogar an den Hirnströmen kann man ablesen, dass sie sensibler auf Sprachfehler reagieren. Da das Gehirn Sprache und Musik auf ähnliche Weise verarbeitet, ist Musikunterricht zugleich auch Sprachtraining. So steigt bei musizierenden Kindern auch die Fähigkeit zu Dialogen und verbalen Auseinandersetzungen.

Robert Jourdain beschreibt die umfassende Wirkung von Musik in seinem Buch »Das wohltemperierte Gehirn. Wie Musik im Kopf entsteht und wirkt«. So liefert Musik dem Gehirn mit Melodie, Harmonie, Rhythmus und Form komplexe und komplizierte Informationen. Musik bringt das Gehirn mächtig in Bewegung. Und Musik fördert das Denken und die Intelligenz und führt uns vor allem in eine »überirdische Sphäre«.

Diese Kraft der Musik zeigt auch Mozart in seiner »Zauberflöte«: Papageno kann mit Hilfe seiner Flöte sogar wilde Tiere und böse Menschen zähmen. In jeder (guten) Musik liegt ein Stück dieser Zauberkraft. Denn Musik kann uns unmittelbar berühren, sie vermag direkt auf unsere Gefühlswelt einzuwirken. Musik hören und Musik machen bietet deshalb gerade auch für Jungen eine wunderbare Möglichkeit, ihre Gefühle wahrzunehmen und mit ihnen umzugehen.

Musik steigert die Sprachfitness und fördert die Wahrnehmung der Gefühle. Musik ist Futter für's Gehirn.

freundliche und zugewandte Sprache, die ohne Ironie, Anspielungen und versteckte Aggressionen auskommt. Aber auch Ihr Kind soll lernen, den richtigen Ton anzuschlagen, wenn es mit anderen spricht. Ist es sehr patzig oder vorlaut, so sollten Sie es freundlich, aber bestimmt darauf hinweisen.

Meiden Sie »Du-Botschaften«

Versuchen Sie auch, wann immer möglich, von sich selbst zu sprechen, wenn Sie etwas mitteilen möchten. Denn die Gefahr bei so genannten Du-Botschaften, so Thomas Gordon in der »Familienkonferenz«, besteht darin, dass sie Vorwürfe, Herabsetzungen oder Drohungen enthalten. Ich-Botschaften dagegen bringen Gefühle und Wünsche des Sprechers zum Ausdruck – und sind in der Regel wesentlich wirksamer. Vergleichen Sie selbst, welche Botschaft das Kind wohl eher zur Eile veranlasst: »Du trödelst immer so!« oder »Ich muss in zehn Minuten aus dem Haus. Bitte beeil dich!«

Halten Sie außerdem bei wichtigen Mitteilungen Blick-, eventuell auch Körperkontakt. Beides verstärkt die Wirkung noch. Auch empfiehlt es sich, auf Augenhöhe mit Ihrem Kind zu gehen, wenn Sie ihm etwas Wichtiges mitteilen oder besonders aufmerksam zuhören möchten. Das geht leichter, wenn Ihr Kind nicht immer zu Ihnen hochschauen muss – und zeigt Ihre Achtung vor Ihrem Kind.

Elterntipp
Regeln für (Streit-)Gespräche
Stellen Sie in Ihrer Familie Gesprächsregeln auf, welche die Basis für gute Kommunikation bilden:
- Es redet immer nur einer.
- Wir lassen den anderen immer ausreden.
- Wir hören gut zu.
- Wir schreien uns nicht an.
- Wir bleiben sachlich, ruhig und höflich.
- Wir erheben keine persönlichen Vorwürfe.
- Schimpfwörter und Beleidigungen sind tabu.
- Alle sollen zu Wort kommen.
- Wer etwas nicht versteht, fragt nach (damit keine Missverständnisse und Fehlinterpretationen entstehen).
- Wir schließen nach Möglichkeit Kompromisse.
- Wir suchen nach Lösungen, die allen etwas bringen.

Sollte es zuweilen schwierig sein, konstruktive Gespräche zu führen, können Sie die Regeln auch schriftlich festhalten und an einem geeigneten Platz aufhängen, zum Beispiel über dem Küchentisch, damit sie allen präsent sind.

Konflikte lösen – fair streiten

Kommunikative Fähigkeiten sind besonders wichtig, wenn ein Konflikt gelöst werden muss. Jungen müssen lernen, wie sie Streitereien ohne Körpereinsatz beilegen und sich nur mit Hilfe der Sprache fair auseinander setzen können. Denn ihr Problem ist selten, dass sie konfliktscheu sind. Schon im Kindergarten tragen sie ihre Zwistigkeiten oft in heftiger Art und Weise aus. Doch sich sachlich und eher ruhig über etwas zu einigen will gelernt sein.

Alle gut gemeinten Streitregeln (siehe oben) nützen im Übrigen nichts, wenn Sie als Eltern nicht mit gutem Beispiel vorangehen, indem Sie auch in heftigeren Debatten möglichst ruhig bleiben und sich entschuldigen, wenn Sie sich unfair verhalten oder jemanden verletzt haben.

Versuchen Sie Ihrem Sohn einige Zeit nach einer konflikthaften Situation ein Gesprächsangebot zu machen, um das Problem zu klären. Auf diese Art lernen alle Seiten etwas daraus. Sie können zum Beispiel abends mit ihm über einen Wutanfall reden: »Ich wusste heute Mittag gar nicht, was ich tun sollte, als du so wütend auf den Boden gestampft und um dich gehauen hast. Was war denn da los mit dir?« Eine solche Einladung zum Gespräch ist für Ihr Kind leichter anzunehmen, als wenn Sie mit Vorwürfen reagieren. Dann wird es sich viel eher weigern, mit Ihnen über sein Verhalten und den daraus entstandenen Konflikt zu sprechen.

Sie können Lösungsstrategien für Konflikte auch spielerisch einüben, indem Sie kleine Streitereien inszenieren: Lassen Sie zwei Stofftiere um einen Stift streiten, ohne dass eine Lösung in Sicht ist. Hat Ihr Kind Ideen, wie sich der Konflikt lösen ließe?

Gefühle sind uncool – oder?

Jungen müssen auf sprachlicher Ebene aber noch mehr lernen, als über die ganz alltäglichen Dinge zu reden und Konflikte zu lösen. Viele Eltern wünschen sich, dass ihre Söhne ihre Bedürfnisse und Gefühle deutlicher wahrnehmen und aussprechen. Das Mitteilungsbedürfnis scheint hier aber häufig gering zu sein. Jedenfalls erzählen Jungen oft nur wenig von sich, vor allem von ihrem

Innenleben. Das hat auch mit einem uralten Verhaltenskodex zu tun, der beinhaltet, dass Männer keine Schwächen zeigen und sich keine Blöße geben dürfen. Dieses ungeschriebene Gesetz wirkt bis heute, obwohl sich viele Eltern längst große Mühe geben, ihren Söhnen etwas anderes zu vermitteln. Solche Bemühungen werden aber auf gesellschaftlicher Ebene noch zu wenig unterstützt. Auch gibt es viel zu wenige Väter, die ihren Söhnen vorleben, was von ihnen erwartet wird. Und so gilt es unter Jungen weiterhin als »uncool«, Gefühle zu zeigen oder gar über sie zu reden.

Zwar werden Sprüche wie »Ein echter Indianer kennt keinen Schmerz« seltener, die Botschaft dahinter wird aber noch immer vermittelt: Tränen passen nicht zu einem echten Jungen. Untersuchungen haben zum Beispiel gezeigt, dass ein weinender Junge weniger lang von seinen Eltern getröstet wird als seine Schwester. Jungen können aber nur empfindsamer werden, wenn sie Gefühle zulassen dürfen – und zwar alle Gefühle. Stärke und Selbstvertrauen können nicht entstehen, wenn Emotionen unterdrückt werden, sondern nur, wenn sie gelebt und gezeigt werden dürfen.

Gar nicht männlich: Angst

Zu den Gefühlen, die von Jungen am meisten unterdrückt werden, gehört die Angst. Noch heute gilt ein Junge, der seine Furcht zeigt oder äußert, bei Geschlechtsgenossen, aber auch in den Augen vieler Erwachsener schnell als Angsthase – eine schreckliche Beleidigung für einen Jungen! Entsprechend groß ist die Angst vor der Angst. So bemühen sich die kleinen Helden wider Willen oft mit allen Mitteln, ihre Ängste hinter einem coolen Gehabe zu verstecken. Sie entwickeln allerlei Strategien zur Angstvermeidung, zum Beispiel indem sie in die Rolle von starken, furchtlosen Rittern oder Supermännern schlüpfen. Ältere Jungen begleiten ihre Angst oft mit lockeren Sprüchen oder versuchen sie wegzulachen, wenn sie zum Beispiel einen Horrorfilm anschauen, der ihnen eigentlich

Angst einflößt. Das Problem ist, dass unterdrückte Ängste Alpträume auslösen, sich aufstauen und sich dann in Aggressionen oder Depressionen entladen können.

Lassen Sie sich deshalb von solchen Manövern zur Angstunterdrückung nicht täuschen, sondern versuchen Sie, Ihrem Sohn die Angst vor der Angst zu nehmen, indem Sie sie thematisieren und anerkennen. Lesen Sie zum Beispiel ein Bilderbuch, in dem das Thema behandelt wird. Erzählen Sie Ihrem Sohn von Ihren eigenen Ängsten, auch von denen, die Sie als Kind hatten. Das hilft vor allem, wenn der Vater oder ein anderer Mann es tut. Vermitteln Sie Ihrem Sohn, dass Angst etwas ganz Natürliches ist, was jeder kennt und das manchmal sogar lebensrettend ist. Gestehen Sie ihm zu, dass er etwas aus Angst nicht macht, dass er auch mal »den Schwanz einzieht« – und dabei immer noch ein richtiger Kerl ist. Reden Sie ihm die Angst nicht aus, und tun Sie sie nicht ab, auch wenn sie in Ihren Augen unbegründet sein mag. Sie können Angst aber entschärfen, indem Sie Ihr Kind aufklären, beispielsweise über die

Auch ein Junge darf Angst haben und sie zeigen. Manchmal ist Angst eine gesunde Schutzreaktion.

Ursachen eines Gewitters. Ebenso können Sie Ihr Kind an die Hand nehmen und die Angst gemeinsam besiegen, indem Sie zum Beispiel zusammen in den Keller gehen. Zwingen Sie Ihren Sohn aber nicht zu solchen Maßnahmen, das würde seine Angst nur vergrößern und sein Vertrauen in Sie erschüttern. Er wird noch viele Gelegenheiten bekommen, seine Ängste Schritt für Schritt zu überwinden. Und manche Ängste werden eben bleiben.

Gefühle machen stark

Vermitteln Sie Ihrem Sohn also, dass ein echter Junge Angst haben darf. Und er darf auch weinen, unsicher sein und verlieren. Vielleicht müssen Sie dazu erst einmal seine coole Schale knacken. Aber lassen Sie sich nicht von einem zur Schau gestellten Selbstbewusstsein und von Prahlerei täuschen: Dahinter steckt oft ein tief verwurzelter Mangel an Selbstvertrauen. Nicht nur Angst-, sondern jegliche Art von Gefühlsunterdrückung führt zu seelischen Spannungen und zu Gefühlsausbrüchen, die dann ungleich heftiger sind als die zugrunde liegenden Gefühle.

Sie können von Anfang an Kontakt zu den Gefühlen Ihres Sohnes herstellen, indem Sie auf seine emotionalen Regungen mit Zuwendung reagieren und Gefühle benennen. Wenn er Sie anlächelt, lächeln Sie zurück und sagen Sie ihm: »Ja, du freust dich, Mamas Gesicht zu sehen. Ich freu mich auch!« oder »Du weinst. Tut dein Bäuchlein gerade sehr weh?« Auch wenn Ihr Sohn wütend ist, können Sie sein Gefühl anerkennen, indem Sie ihm sagen: »Du bist wütend, nicht wahr, das kann ich gut verstehen, weil du dich so bemüht hast und die Dose trotzdem nicht aufbekommst.«

Helfen Sie also Ihrem Sohn, seine Gefühle wahrzunehmen und zu verbalisieren. Hier ist mal wieder Ihr Vorbild gefragt, vor allem das des Vaters (sonst könnten Gefühle allzu schnell als »Weiberkram« abgetan werden – und wären damit wieder einmal nichts für echte Jungs!): Erzählen Sie viel, aber in einer für Ihr Kind angemessenen Weise, von sich und Ihren Gefühlen. So lernt auch Ihr Sohn zu formulieren, was er empfindet. Sie können ihm den Zugang zu seinen Gefühlen erleichtern und seine Selbstwahrnehmung stärken, indem Sie ihm Hinweise geben (nicht einreden!), wie er sich fühlen könnte: »Ich habe den Eindruck, du fühlst dich gerade ganz allein«; »Hast du dich da ungerecht behandelt gefühlt?« oder »Das hat dir doch bestimmt im Herzen wehgetan, oder?« Nehmen Sie die Gefühle Ihres Sohnes immer ernst und lachen Sie niemals über seine Gefühlsäußerungen. Zeigen Sie Interesse an seinem Befinden, und fragen Sie immer mal wieder, wie er sich fühlt. Fragen Sie auch nach seinen Gefühlen, wenn Ihr Sohn etwas erzählt, etwa: »Wie hast du dich gefühlt, als Jan das zu dir gesagt hat?« Übrigens gelingt es vielen Menschen eher, über sich zu reden, wenn sie keinen direkten Augenkontakt haben. Eine entsprechend lockere Gesprächsatmosphäre entsteht zum Beispiel beim Spazierengehen oder bei gemeinsamen Hausarbeiten. Machen Sie also Ihrem Kind immer wieder Zuhör- und Gesprächsangebote.

Zeig mir, was du fühlst

Wichtig ist, dass Ihr Sohn lernt: Alle Gefühle sind erlaubt. Gleichzeitig muss er aber auch wissen, dass nicht jedes Verhalten akzeptabel ist. Wer zum Beispiel wütend ist, darf auf ein Kissen einschlagen, aber nicht auf den kleinen Bruder. Ihr Sohn muss lernen, mit seinen Gefühlen umzugehen, ohne anderen zu schaden. Zeigen Sie ihm gangbare Wege und machen Sie ihm Angebote, wie er mit Furcht, Trauer, Ärger und anderen Gefühlen zurechtkommt. Lassen Sie ihn Musik machen oder hören (siehe Kasten Seite 62), sich bewegen oder seine Gefühle malen. Alles ist geeignet, was die Gefühle nicht unterdrückt oder auf Kosten anderer geht.

Gestehen Sie Ihrem Sohn auch zu, dass er seine Gefühle anders ausdrückt als Sie. Hier findet nicht nur jeder seine eigene Ausdrucksform, sondern es gibt oft auch deutliche Unterschiede zwischen den Geschlechtern. Zum Beispiel erzählen viele Mütter, dass ihre Söhne deutlich weniger schmusen wollten, als sie das von ihren Töchtern gewohnt seien. Das sollte für Eltern aber kein Grund sein, ihre eigenen Gefühle ihrem Sohn gegenüber nicht mehr zu zeigen oder keine Angebote zum Kuscheln mehr zu machen. Lehnt ein Kind diese aber ab, dann müssen Eltern das akzeptieren – und bald wieder einen neuen Versuch starten.

Elterntipp
»Fühl doch mal!«-Spiele

- Rollenspiele fördern nicht nur das sprachliche Können, sondern auch das Einfühlungsvermögen. Unterstützen Sie das, indem Sie mit Ihrem Sohn zum Beispiel schwierige Situationen (nach-)spie-

Bericht aus dem richtigen Leben:
Phillips Art »Hallo« zu sagen

»Phillip hat die Angewohnheit, mir im Vorbeigehen auf den Hintern zu klopfen. Da erschrecke ich, und manchmal ist es mir auch einfach zu fest. Das habe ich ihm kürzlich gesagt. Aber Phillip scheint nicht dagegen anzukönnen. Immer wieder haut er beim Vorbeigehen wie automatisch auf meinen Po. Ich merke auch, dass es keine böse Absicht ist. Und weh will er mir offensichtlich auch nicht tun. Manchmal denke ich, vielleicht ist das seine Art, ›Hallo‹ oder ›Ich hab dich lieb‹ zu sagen. Aber ein bisschen komisch finde ich es schon. Wenn ich an meine Tochter Ariane denke, die ist da ganz anders. Sie kommt zwischendurch einfach mal zu mir und drückt mich ganz fest. So etwas kenne ich von Phillip gar nicht. Er mag es auch nur selten, wenn ich ihn in den Arm nehme und mit ihm schmusen will.«

Sophia, 33, Mutter von Phillip und Ariane

len und auch mal die Rollen tauschen. Stellen Sie ihm auch eine Verkleidungskiste zur Verfügung (siehe Kapitel 4).

- Wird in Ihrer Nähe eine Spielgruppe für ein Kindertheater angeboten? Das ist eine tolle Gelegenheit, allerlei Gefühle kennen zu lernen!
- Machen Sie gemeinsam kleine Mimikspiele über Gefühle. Einer versucht traurig, lustig, müde, enttäuscht, streng ... zu schauen, der andere darf raten.
- Ihr Sohn ist gerade in der »Will kein Bussi!«-Phase? Das ist sein gutes Recht. Aber fragen Sie ihn doch, was er sonst will: sanftes Kitzeln, über den Körper krabbeln, streicheln, mit dem Finger auf den Rücken malen, Klopfmassage, raufen … Bestimmt finden Sie was, was sich für Ihren Sohn gut anfühlt!

Wie können Familien besser kommunizieren?

Interview mit Rita Steininger, Autorin des Buches »Eltern lösen Konflikte. So gelingt Kommunikation in und außerhalb der Familie«. Frau Steininger ist Mutter von zwei Söhnen (16 und 13).

Frau Steininger, in Ihrem neuen Buch beschäftigen Sie sich mit der Kommunikation in Familien. Glauben Sie, dass Eltern und Kinder heute weniger miteinander reden als früher?

Da gibt es von Familie zu Familie sicherlich Unterschiede. Im Allgemeinen dürfte es jedoch stimmen. Durch zunehmende Hektik im Alltag, Berufs- und Terminstress ist die Zeit, die eine Familie zusammen verbringt, heute sicher knapper bemessen als früher. Der wachsende Medienkonsum trägt ebenso dazu bei, dass man immer weniger miteinander spricht.

Es kommt allerdings nicht nur darauf an, wie viel man in der Familie miteinander redet, sondern vor allem wie. Hier hat sich meiner Ansicht nach im Vergleich zu früher nicht so viel verbessert, wie man vielleicht glaubt. Das heißt, bestimmte ungünstige Kommunikationsmuster kann man heute genauso beobachten wie früher. Nehmen wir zum Beispiel die Du-Botschaften. Sätze wie »Du bist stinkfaul« oder »Du kannst das nicht« kennt fast jeder aus seiner eigenen Kindheit. Erstaunlicherweise wenden viele Erwachsene solche Sätze bei ihren Kindern an, obwohl sie ihre negative Wirkung in der eigenen Kindheit doch selbst erlebt haben.

Sie raten Eltern also, Du-Botschaften möglichst sparsam zu verwenden. Wie sollen sie sich stattdessen mitteilen?
In vielen Du-Botschaften schwingt ein Vorwurf oder eine Herabsetzung mit, wie in den genannten Beispielsätzen. Solche Du-Sätze verletzen das Kind oder drängen es in eine Abwehrhaltung. Ganz anders bei Ich-Botschaften, in denen vor allem Gefühle zum Ausdruck kommen. Ein Beispiel: Ein Kind rennt im Übermut mitten auf die Straße, ohne auf den Verkehr zu achten. In einer solchen Schrecksituation reagieren viele Eltern automatisch etwa so: »Du hast wohl den Verstand verloren! Was fällt dir ein, einfach so drauflos zu rennen?« Klar, dass sich das Kind niedergemacht fühlt und nicht im Geringsten ahnt, was die Mutter oder der Vater mit dem Geschimpfe eigentlich ausdrücken will: »Ich habe solche Angst um dich gehabt! Ich will nicht, dass dir etwas passiert, weil du mir so viel bedeutest!« Hier sieht man deutlich, wie unterschiedlich Ich- und Du-Botschaften wirken können.

Trotzdem lassen sich Konflikte zwischen Eltern und Kindern nicht immer vermeiden. Was können Eltern tun, wenn so etwas passiert?
Wenn ein Gespräch plötzlich aus dem Ruder läuft und ein Konflikt entstanden ist, ist es oft besser, das Gespräch fürs Erste abzubrechen. Solange die Gemüter erhitzt sind, kommt man ohnehin zu keiner vernünftigen Lösung. Hat sich die Erregung dann auf beiden Seiten gelegt, kann man das Gespräch wieder aufnehmen – allerdings nicht

über das strittige Thema, sondern zunächst über die Art und Weise, wie man vorher im Streit miteinander umgegangen ist: Was ist da eigentlich gelaufen? Wie haben wir uns dem anderen gegenüber verhalten? Worüber haben wir uns so furchtbar aufgeregt? Was wollten wir mit unserem Verhalten bezwecken? Auch hier geht es also darum, Gefühle zu äußern und Beweggründe zu erläutern. Das schafft Verständnis füreinander und bietet eine gute Basis, um das Problem auf vernünftige Weise zu lösen. Diese Vorgehensweise nennt man »Metakommunikation«, was so viel bedeutet wie »ein Gespräch über das Gespräch führen«. Man unterhält sich mit dem Gesprächspartner darüber, wie man miteinander redet und umgeht. Beim kleineren Kind sollte man dieses Vorgehen allerdings vereinfachen: Es genügt, wenn man ihm im Nachhinein kurz erläutert, warum man sich auf diese oder jene Weise verhalten hat. Danach lässt man das Thema besser auf sich beruhen.

Wie können Ihrer Meinung nach Eltern ihre Söhne dazu bewegen, mehr von sich zu erzählen?

Jungen fällt es ja im Vergleich zu Mädchen oft schwerer, sich zu öffnen und von ihren Erlebnissen zu berichten. Die typischen Ermunterungen von Eltern im Stil von »Na, wie war's?« oder »Jetzt erzähl doch mal!« helfen da nicht viel weiter. Sie erwecken nämlich (manchmal zu Recht) beim Kind den Argwohn, dass die Eltern nur Erfreuliches hören wollen, bloß nichts Unliebsames. Dabei ist es doch gerade dann wichtig, dass das Kind von sich erzählt, wenn es etwas auf dem Herzen hat. Es gibt allerdings eine Methode, die Kindern Mut macht, aus sich herauszugehen: das aktive Zuhören. Wenn Eltern merken, dass ihrem Kind etwas auf der Seele lastet, sollten sie ihm zunächst signalisieren, dass sie ein offenes Ohr für seine Probleme haben. Manchmal hilft ein so genannter »Türöffner«, das Gespräch in Gang zu bringen, zum Beispiel eine einleitende Frage wie: »Worum geht es denn?«. Fängt das Kind dann zu erzählen an, sollten ihm die Eltern aufmerksam zuhören und ihm zwischendurch kurz mit eigenen Worten rückmelden, wie sie seine

Ausführungen verstanden haben. Damit bekunden sie echtes Interesse. Das ermutigt das Kind zum Weitersprechen, weil es sich mit seinem Problem verstanden fühlt.

Woran kann es liegen, wenn ein Kind ein Gespräch plötzlich abbricht, das eigentlich ganz gut lief?

Das liegt meistens an typischen Reaktionsweisen der Eltern auf unliebsame Äußerungen des Kindes. Es gibt vielerlei solcher ungünstigen Reaktionen. Angenommen, das Kind erzählt, dass es mit dem besten Freund gestritten hat. Auf eine solche Äußerung reagieren manche Eltern sofort mit einer Moralpredigt: »Eine Freundschaft ist etwas sehr Wertvolles, die musst du gut pflegen!« Oder mit einer Beschuldigung: »Wahrscheinlich hast du dich wieder einmal unmöglich aufgeführt!« Oder mit einem Verhör: »Den Streit hast doch du angefangen, stimmt's?« Oder mit einer Ablenkung: »Na komm, lass uns etwas spielen, dann kommst du auf andere Gedanken!« Es gibt noch andere ungünstige Reaktionen wie Drohen, Bloßstellen oder Bemitleiden. Alle haben sie eine ähnliche Wirkung: Das Kind fühlt sich mit seinen Gefühlen weder verstanden noch ernst genommen. Deshalb ist aktives Zuhören so wichtig: Wenn sich die Eltern mit ihrer Meinung zurückhalten und das Kind reden lassen, kommen sie nicht nur seinem Mitteilungsbedürfnis entgegen. Sie helfen ihm auch, eine eigene Lösung für sein Problem zu finden, statt fertige Lösungen anzubieten.

Aktives Zuhören, Ich-Botschaften und Metakommunikation zu erlernen lohnt sich meiner Ansicht nach sehr. Spätestens, wenn der Nachwuchs in die Pubertät kommt, merken die Eltern, wie wertvoll eine gut funktionierende Verständigung ist.

Was können Eltern tun, wenn sie den Eindruck haben, ihr Kind nimmt sie nicht ernst, wenn sie etwas zu ihm sagen?

Oft liegt es daran, dass Mutter oder Vater eine inkongruente, also unstimmige Botschaft aussenden: Der Inhalt des Gesagten stimmt nicht mit Tonfall, Mimik und Verhalten des Sprechers überein.

Wenn die Mutter zum Beispiel lächelnd und mit sanfter Stimme sagt: »Ich mag es nicht, wenn du nach mir schlägst«, ist das eine inkongruente Botschaft, die das Kind nicht ernst nehmen kann.

Auch wollen Kinder nicht nur angesprochen werden – sie wollen sich auch angesprochen fühlen. Gerade bei einer Bitte oder Aufforderung ist es wichtig, dass ich mein Kind nicht nur anspreche, sondern auch anschaue und anfasse. Durch Blick- und Körperkontakt zeige ich, dass ich mich jetzt nur mit ihm befasse, mit niemandem sonst. So vermittle ich, dass ich meine Botschaft ernst meine.

Um auf den bekannten Buchtitel von Thomas Gordon zu sprechen zu kommen: Was kann ich mir unter einer fest etablierten »Familienkonferenz« vorstellen?
So eine Familienkonferenz gibt es tatsächlich, allerdings hat sie nicht Thomas Gordon entwickelt, sondern der Psychologe und Psychiater Rudolf Dreikurs. Er nannte diese Einrichtung »Familienrat«. Es geht darum, dass die Familie immer zur selben Zeit an einem vereinbarten Tag der Woche zusammenkommt. Dann wird über Themen beraten und abgestimmt, die alle Familienmitglieder betreffen, zum Beispiel die Aufgabenverteilung im Haushalt, gemeinsame Unternehmungen, finanzielle Angelegenheiten oder Streitigkeiten in der Familie. Wichtig ist, dass im Familienrat alle gleichberechtigt sind. Die Stimme der Eltern darf kein größeres Gewicht haben als die der Kinder. Entscheidungen sind auch nur dann gültig, wenn sie einstimmig getroffen wurden; es gelten keine Mehrheitsbeschlüsse. Der Familienrat ist daher ein sehr wertvolles Instrument, mit dem man lernen kann, Verantwortung zu teilen, Konflikte zu lösen und zu einvernehmlichen Lösungen zu kommen. Nicht zuletzt trägt er wesentlich dazu bei, dass in der Familie wieder mehr und vor allem besser miteinander geredet wird.

Vielen Dank für dieses Interview!

4

Weil ich ein Junge bin: die Suche nach sich selbst

Die klassische Familienkonstellation Vater-Mutter-Kind ist heute seltener geworden. Oft fehlt der Vater. Für kleine und größere Jungs keine optimale Situation. Denn um die eigene Identität zu finden, brauchen sie männliche Vorbilder. Doch auch »Leih-Opas«, Fußballtrainer oder Freunde der Familie kommen als Identifikationsfiguren in Frage.

Mit dem eigenen Geschlecht identisch werden

Das Geschlecht ist ein wichtiger Faktor, wenn Kinder nach ihrer Rolle in der Gesellschaft und nach ihrer Identität (»Wer bin ich?«) suchen. Dieser lebenslange Prozess braucht gerade am Anfang viel Unterstützung durch Eltern, Erzieher und Lehrer. Die Entwicklung der Geschlechtsidentität beginnt im dritten Lebensjahr. Dann weiß ein Kind, zu welchem Geschlecht es gehört. Bis zum fünften Lebensjahr bekommt es dann die Gewissheit, dass sein Geschlecht unabänderlich ist. Das nennen Fachleute »Geschlechtsstabilität«. Ein Kind grenzt sich nun stark vom anderen Geschlecht ab und versucht, sich besonders geschlechtstypisch zu verhalten – oft zum Schrecken seiner Eltern. Denn kleine Kinder haben sehr rigide Vorstellungen davon, was typisch männlich und typisch weiblich sei. Bis zum Alter von sechs Jahren dominieren so genannte Rollenstereotype. Dazu gehören Verhaltensweisen, Einstellungen, Fähigkeiten und Interessen, die ein Kind dem jeweiligen Geschlecht zuordnet. Am Ende dieser Entwicklungsphase, etwa im siebten

Hintergrund: das Frauenmonopol

Einem Mädchen stehen von Anfang an viele (und vielfältige) Vorbilder zur Verfügung, da zahlreiche Frauen den frühen Lebensweg eines Mädchens kreuzen – Erzieherinnen im Kindergarten, Lehrerinnen in der (Grund–)Schule und natürlich weibliche Verwandte zu Hause, an erster Stelle die Mutter. Und wie sieht es beim Jungen aus? Auch er identifiziert sich primär mit dem gleichgeschlechtlichen Elternteil, dem Vater. Und natürlich sucht er nach männlichen Vorbildern. Aber er wird auf seiner Suche nur selten fündig. Denn auch seine Kindheit ist häufig nur durch Frauen geprägt: zu Hause die Mutter (weil der Vater ganz fehlt, meistens bei der Arbeit ist oder sich aus dem Erziehungsgeschäft heraushält), im Kindergarten die Erzieherin, in der Schule die Lehrerin. Sie alle aber können den Jungen bestenfalls indirekt darin unterstützen, ein Mann zu werden. Er bekommt von all den Frauen nicht vorgelebt, was einen Mann ausmacht, was dieser den ganzen Tag so tut, wie er sich in bestimmten Situationen verhält etc.

Da ein Junge also fast nur Frauen erlebt und weiß, dass er nicht wie sie werden soll, bedeutet männlich für ihn in erster Linie alles, was nicht weiblich ist, was nicht von Frauen vorgelebt wird. Allerdings gibt es heute so viele verschiedene weibliche Rollenmuster, dass nicht mehr viel übrig bleibt, was ausschließlich den Männern vorbehalten ist. In modernen westlichen Gesellschaften haben Jungen also kaum mehr ein eigenes Rollenprofil. Die Suche gestaltet sich schwierig. Baggerführer und Feuerwehrmann gehören wohl zu den wenigen männlichen Domänen, die es heute noch gibt – und daher zu den absoluten Wunschberufen von Jungen im Kindergartenalter!

Lebensjahr, erwirbt ein Kind schließlich die »Geschlechtskonstanz«: die Gewissheit, dass das eigene Geschlecht dasselbe bleibt, unabhängig von Veränderungen des Aussehens, der Kleidung oder bestimmter Aktivitäten. Die Genitalien sind hier das ausschlaggebende Indiz.

Für die Entwicklung einer Geschlechtsidentität braucht es aber noch mehr als die Gewissheit der eigenen Geschlechtszugehörigkeit: Es braucht Vertreter des gleichen Geschlechts, mit denen sich das Kind identifizieren kann.

So will ein Junge genauer herausfinden, was »typisch Mann« ist, was einen Mann eigentlich ausmacht. Er will sich von Mädchen abgrenzen. Er schaut nach größeren Jungen und nach Männern in seinem Umfeld, an denen er sich orientieren, denen er nacheifern kann. Vor allem sie können helfen, dass der Junge seinen Weg findet und sich nicht verirrt.

Typisch männlich – das interessiert einen Jungen. Wie geht das eigentlich, wenn Papa sich rasiert? Wann darf ich das endlich auch tun?

Dazu sind zunächst ganz banale Dinge des Alltags von Bedeutung, die ein Junge sich abschauen will: das Pinkeln, die morgendliche Rasur, das Kochen, Bügeln und Handwerken. Aber ein Junge beobachtet auch, wie ein Mann mit seinen Gefühlen, mit Konflikten, mit dem anderen Geschlecht oder mit anderen Männern umgeht. Je mehr und je differenzierter er das Verhalten von Männern »studieren« kann, umso vielfältiger wird sein Männerbild – und sein eigenes Verhaltensrepertoire. Er wird es nicht als unmännlich empfinden, seine Gefühle zu zeigen und Aufgaben im Haushalt zu übernehmen. Er wird sich auch noch »als Mann« fühlen, wenn er sich fürsorglich und liebevoll verhält.

Vorbild Nummer eins: der Vater

An erster Stelle der männlichen Vorbilder steht natürlich der eigene Vater. Er ist die wichtigste Liebesverbindung und Vertrauensperson neben der Mutter. Der Vater ist für den Jungen das entscheidende Vorbild für Gefühlsäußerungen, Hausarbeiten, Partnerschaft und Beruf. Deshalb ist es so wichtig, dass beide Elternteile ihrem Sohn möglichst vielfältige Rollen vorleben. Das bedeutet zum Beispiel, dass der Vater auch bügelt, kocht, kuschelt, tröstet und fürsorglich ist. Und seine Mutter sollte der Sohn auch mal mit Hammer und Nagel oder bei der Fahrradreparatur sehen. Denn als angehender Mann wird er auch ein Frauenbild entwickeln, und das ist zu allererst von der Mutter geprägt. Er wird sich zwar trotz aller Vorbilder zunächst (auch) an Klischees orientieren, aber mit der Zeit doch ein differenziertes, vielseitiges Rollenbild von beiden Geschlechtern erwerben.

Vor allem aber kann ein Junge, dem sein Vater als Vorbild und Bezugsperson zur Verfügung steht, eine enge Verbindung zu ihm eingehen. Das gibt ihm viel Sicherheit und Geborgenheit. Er weiß sich begleitet und beschützt, er hat eine verlässliche Orientierung, sein männliches Selbstbewusstsein und -vertrauen werden gestärkt.

Qualität geht vor Quantität

Wie entsteht eine solche Vater-Sohn-Beziehung? Das Wichtigste: Qualität geht vor Quantität. Das ist für die meisten Väter beruhigend, da sie oft den ganzen Tag außer Haus sind. Und doch ist entscheidend, dass sich Väter regelmäßig und auch in Alltagsbelangen um ihre Kinder kümmern, dass sie möglichst viel Zeit für ihre Kinder aufbringen, also keine unnötigen Überstunden ableisten, ihre wenige Freizeit mit der Familie verbringen und nicht mit ihrem Hobby im Keller oder mit den Kumpels auf dem Sportplatz. Die Taten der Väter sind entscheidend, nicht ihre Lippenbekenntnisse, das heißt, sie müssen als Vater aktiv werden, durch Unternehmungen und Anteilnahme am Leben ihrer Söhne. Und Väter müssen Söhne in ihr Leben einbeziehen.

Viele Jungen haben zum Beispiel keine Ahnung, was ihr Vater in seiner Abwesenheit eigentlich tut. Sie kennen vielleicht die Berufsbezeichnung, wissen aber nicht, was er wirklich arbeitet. Wie kann ein Vater da zum realen Vorbild werden? Das reicht bestenfalls für eine Idealisierung. Deshalb sollten Söhne (und natürlich auch Töchter) ihren Vater immer mal wieder am Arbeitsplatz besuchen dürfen, damit sie eine realistische Vorstellung davon bekommen, was er tagein, tagaus viele Stunden lang tut. Außerdem sollte der Vater auch von seiner Arbeit erzählen, damit die Berufswelt nichts Undurchsichtiges bleibt, worin der Vater verschwindet.

Je mehr und je vielfältiger der Sohn den Vater erlebt, je mehr Möglichkeiten des Mannseins der Vater dem Sohn vorlebt und aufzeigt, desto positiver und nachhaltiger wirkt sein Vorbild. Lebt der Vater also ein breites Rollenspektrum vor, dann macht er seinem Sohn ein differenziertes Identifikationsangebot. Ein Beispiel: Erlebt ein Junge seinen Vater als fürsorglich und liebevoll, dann ist das in seinen Augen »männlich«. Erlebt er aber nur Frauen so, dann setzt er dieses Verhalten mit »weiblich« gleich und lehnt es für sich ab. Gerade im Bereich der so genannten Soft Skills (siehe auch Kapitel 5) fällt Vätern und Männern allgemein eine wichtige Aufgabe zu. Denn nur wenn ihre Vorbilder sie kultivieren, sind Jungen auch

Hintergrund: Regeln für vorbildliche Väter

Sie haben als Vater unendlich viele Möglichkeiten, positiv auf die Entwicklung Ihres Sohnes einzuwirken (übrigens gilt dasselbe natürlich für Ihre Tochter!):

- Verbringen Sie so viel Zeit wie möglich mit Ihrem Sohn.
- Übernehmen Sie möglichst viel Fürsorge für Ihren Sohn: füttern, wickeln, ins Bett bringen.
- Versuchen Sie, auch am Alltag Ihres Sohnes Anteil zu nehmen, indem Sie ihn nach Kindergarten, Schule, Hausaufgaben oder Freunden befragen.
- Suchen Sie körperlichen Kontakt beim Massieren, Kuscheln und Raufen (siehe auch Kapitel 2).
- Zeigen Sie Ihre Gefühle – und reden Sie darüber (siehe auch Kapitel 3). Trösten Sie Ihren Sohn, wenn er weint, Angst hat oder sich verletzt hat. Erzählen Sie ihm auch von Ihren Tränen und Ängsten.
- Spielen Sie nicht den Helden, sondern zeigen Sie auch Ihre Schwächen und Bedürfnisse. Dann hat Ihr Sohn nicht das Gefühl, er müsse immer nur ein starker Held sein.
- Betonen Sie den Teamgeist. Werden Sie ein Vater-Sohn-Team, das gemeinsam etwas Sinnvolles auf die Beine stellt, indem es zum Beispiel Arbeiten am und im Haus erledigt.
- Seien Sie sensibel, geduldig, aufmerksam und zugewandt.
- Sehen Sie Ihre Freizeit als Familienzeit, in der Sie nicht nur Ihre Hobbys pflegen, sondern sich um die Familie kümmern. Suchen Sie mit Ihrem Sohn ein gemeinsames Hobby.
- Vermeiden Sie abfällige Bemerkungen über Frauen wie: »Typisch Frau, kann nicht einparken!« oder »Deine Mutter kapiert so was nicht.«

bereit, diese Fähigkeiten bei sich selbst zu entwickeln. Zurzeit erleben Jungen, dass die Erwartungshaltungen, die an sie gestellt werden, mit der für sie sichtbaren Realität gar nichts tun haben. Sie erleben (fast) keine Männer, die so sind, wie sie einmal werden sollen – also stark und durchsetzungsfähig und gleichzeitig einfühlsam und verständnisvoll. Nur wenn ihnen das Väter und andere Männer vorleben, wenn sie ihnen positive Anregungen geben, was Junge- und Mannsein bedeuten kann, sind Jungen mit diesen Erwartungen nicht überfordert. Nur dann haben Sie ein Modell vor Augen, an dem sie sich orientieren können.

Elterntipp

Wenn der Vater mit dem Sohne …

Gemeinsam etwas zu unternehmen kann ein großes Glück für Vater und Sohn sein. Suchen Sie nach Aktivitäten, die Ihnen beiden Spaß machen und die Sie unabhängig von der Mutter erleben können – was natürlich nicht heißt, dass Sie nicht auch als Familie regelmäßig etwas unternehmen sollten!

- Sport ist häufig ein Feld, das Vater und Sohn gemeinsam erleben können. Denken Sie an die ganze Bandbreite: Ballspiele, Schwimmen, Angeln, Rudern … Bestimmt findet sich etwas, das Ihnen beiden Freude macht.
- Unternehmen Sie gemeinsame Ausflüge wie (Berg-)Wanderungen, Walderkundungen und Radtouren.
- Zeigen Sie Ihrem Sohn die Welt der Kultur: Gehen Sie ins Kino, ins (Kinder-)Theater oder ein klassisches (Kinder-)Konzert.
- Basteln und handwerken Sie gemeinsam. Zeigen Sie Ihrem Sohn den Umgang mit Werkzeugen. Stellen Sie gemeinsam etwas her, zum Beispiel phantasievolles Spielzeug oder ein Baumhaus. Damit regen Sie seine Kreativität an und fördern seine Alltagskompetenz.
- Für Schlechtwetter-Tage: Lesen Sie gemeinsam Bücher über Väter und Söhne, etwa die »Willi Wiberg«-Bilderbücher von Gunilla Bergström, die »Vater und Sohn«-Bildergeschichten von

E. O. Plauen oder Abenteuerbücher wie »Huckleberry Finn« von Mark Twain. Oder bauen Sie gemeinsam eine große Lego-Stadt, spielen Sie Schach, raufen Sie.

- Verwöhnen Sie gemeinsam Ihre Frau mit einem Frühstück am Bett, einem gemeinsam gekochten Essen oder einer Rückenmassage.
- Schaffen Sie gemeinsame Vater-Sohn-Rituale, etwa das Frühstück am Sonntag vorbereiten, jeden Samstag einkaufen oder eine Vater-Sohn-Reise jedes Jahr an Pfingsten. Vielleicht zelten Sie mal zu zweit, besuchen mittelalterliche Burgen (in denen heute oft Jugendherbergen untergebracht sind) oder wandern in den Bergen von Hütte zu Hütte.

Bericht aus dem richtigen Leben:
Vater und Sohn beim »Paparieren«

»Mein Mann hat Tobias schon von klein auf bei seinen samstäglichen Runden durchs Haus mitgenommen, sowohl zum Saubermachen als auch zum Reparieren diverser Schäden. Schon mit zwei Jahren hat Tobias am Frühstückstisch immer gefragt, was der Papa heute mit ihm machen wird. Er berichtete mir dann stolz, dass er gleich mit dem Papa zum ›Paparieren‹ ginge. Inzwischen ist Tobias fünf, und wir verwenden noch immer diesen Ausdruck, wenn auch mit einem Lächeln. Tobias holt dann sein (Spiel-)Werkzeug aus seinem Zimmer und macht mit dem Papa seine Runde durchs Haus. Ich sehe die beiden dann eine ganze Weile nicht mehr.«

Uta, 33, Mutter von Tobias

Wenn der Vater fehlt

Immer mehr Kinder wachsen heute ohne Vater auf. Etwa ein Drittel lebt inzwischen ohne »Mann im Haus«. Selbst in »kompletten« Familien übernimmt der Vater oft nur eine Gastrolle, sei es wegen der hohen beruflichen Belastung, weil er zur Arbeit pendeln muss oder weil er seine Freizeit lieber ohne die Familie verbringt. In getrennt lebenden Familien »verschwinden« die Väter manchmal völlig von der Bildfläche (entweder weil sie selbst dies wollen oder weil die Mutter den Kontakt unterbindet), oder sie werden zu »Wochenend-Vätern«, die von ihren Kindern besucht werden. Nur selten gelingt es Eltern, auch nach einer Trennung die Erziehungsarbeit – und damit den Alltag – der Kinder zu teilen.

Das Fehlen des Vaters oder eines »Ersatzvaters« (dazu unten mehr) hat aber erhebliche Konsequenzen für die Entwicklung eines Kindes. Abwesende Väter hinterlassen bei ihren Söhnen und Töchtern eine große Lücke, denn es fehlt natürlich die männliche Seite »der Welt« und die spezielle Unterstützung für ihre Entwicklung, die eben nur ein Vater leisten kann. Für Jungen bedeutet das: Die Männlichkeit, die ein Junge erwerben soll, bleibt abstrakt, da sie nicht vorgelebt wird. Er kann sich nicht mit dem Vater (oder einer anderen männlichen Bezugsperson) auseinander setzen, um seine Geschlechtsidentität zu entwickeln.

Das kann Jungen stark verunsichern und in ihrem stereotypischen Rollenverhalten der frühen Jahre verharren lassen. Sie grenzen sich dann besonders rigide vom weiblichen Geschlecht ab, orientieren sich verstärkt an Jungen, die ihre männlichen Allüren zur Schau stellen, sowie an männlichen Rollenklischees, die ihnen über die Medien präsentiert werden. In Videoclips, Comics, Actionfilmen und TV-Serien werden meist äußerst klischeehafte Vorstellungen von weiblichem und männlichem Rollenverhalten vermittelt. Die Helden sind unnatürlich »männlich«, stark und unbesiegbar, stets mutig und haben immer alles im Griff. Viele Jungen eifern diesen unerreichbaren Männerbildern nach, wollen stark sein wie

Supermann, Rambo oder Terminator. Oder sie nehmen virtuelle Identitäten in Computerspielen an, die ihnen suggerieren, sie seien erfolgreiche, »richtige« Männer. Wohlgemerkt: Dieses phantasierte Männerbild hat nichts mit den Ritter- und Cowboyspielen kleiner Jungs zu tun. Diese suchen sich fiktive Helden und manchmal auch Monster für ihre alterstypischen Rollen- und Phantasiespiele.

Der Psychoanalytiker Bruno Bettelheim ist nicht nur der Meinung, dass Kinder Märchen brauchen, sondern auch, dass Monster in ihrer Spielwelt wichtig sind, denn dadurch können sie Ängste, Rachegefühle und gewalttätige Phantasien ausleben, ohne die Strafe oder Missbilligung der Eltern fürchten zu müssen. Wenn dem allerdings keine realen Vorbilder in Form von echten, verfügbaren Männern gegenüberstehen, dann orientieren sich Jungen auch über das Grundschulalter hinaus an fiktiven Männerfiguren.

Vorbildliche Männer gesucht

Es muss also darum gehen, dass Jungen in ihrem Leben geeignete männliche Vorbilder finden, die auch als Identifikationsfiguren und Bezugspersonen zur Verfügung stehen. Das muss nicht zwangsläufig der eigene Vater sein. Wenn der nicht da ist oder sich als Vorbild nicht eignet, können auch andere Männer als Modell dienen. Ohnehin suchen auch Jungen mit Vater nach weiteren Männern, mit denen sie sich identifizieren und auseinander setzen können. Meist wählen sie Männer aus dem Bekanntenkreis oder der Verwandtschaft, die sich für sie interessieren. Diese fordern sie dann spielerisch zum Ringkampf auf oder bauen mit ihnen voller Begeisterung Papierflieger. Solche Kontakte sollten Eltern unauffällig fördern, soweit sie keine gravierenden Bedenken haben. Denn häufig bleibt die Suche nach männlichen Leitbildern, die als vaterähnliche Figuren fungieren, auch erfolglos: Es gibt viel zu wenige männliche Erzieher oder Lehrer, denen ein Junge in seinem Leben begegnet. Vor allem, wenn kein Vater oder Ersatzvater zur Verfügung steht, ist die Initiative der Mutter gefragt (siehe Kasten auf Seite 86). Neben der Ori-

Hintergrund: Suche Leih-Opa

Gerade für allein erziehende Mütter kann er wie eine Erlösung sein: der Pate für den Sohn. Er kümmert sich in regelmäßigen oder unregelmäßigen Abständen um den Jungen. Geeignete Männer finden sich häufig im Freundeskreis, manchmal auch unter den Verwandten: etwa ein Onkel oder der Opa. Kennen Sie in Ihrem Umfeld keinen geeigneten Mann, muss Ihr Sohn nicht auf einen männlichen Paten verzichten. Wie wär's mit einem »Leih-Opa«? Oder mit einem Familienpaten? In vielen Städten gibt es mittlerweile Freiwilligen-Projekte, die Ihnen bei der Suche helfen. Viele ältere Menschen wünschen sich Enkel, denen sie Zeit und Liebe schenken können. Vielleicht haben sie selbst keine Enkelkinder, oder diese leben zu weit weg. Aber auch jüngere Freiwillige engagieren sich und möchten Familien unterstützen. Für Jungen bietet ein Leih-Opa oder ein Familienpate die Chance einer zusätzlichen verlässlichen Beziehung zu einer erwachsenen männlichen Bezugsperson.

Die Vermittlung von Leih-Großeltern und Familienpaten übernehmen Freiwilligenagenturen oder Jugendämter. Nachdem sie sich die Freiwilligen genau angesehen haben, machen sie einen Vorschlag, wer gut zu Ihnen bzw. Ihrem Sohn passen würde. Danach treffen sich alle Beteiligten zum Kennenlernen. Schließlich wollen und sollen die Eltern ja auch genau hinsehen, wem sie ihr Kind anvertrauen.

Ein »Leih-Opa-Tag« beginnt meist mit dem Abholen des Kindes vom Kindergarten oder von der Schule. Manchmal hilft der Opa bei den Hausaufgaben, oder er unternimmt etwas mit dem Kind.

Das Schöne an diesem Arrangement: Der »Großelternersatz« kommt nicht nur dem betreffenden Jungen zugute, sondern allen Beteiligten. (Adressen finden Sie im Anhang.)

entierung für Ihren Sohn, entlasten Sie auch sich selbst, indem Sie nach geeigneten männlichen Vorbildern und Bezugspersonen für Ihr Kind Ausschau halten. Denken Sie dabei an den Großvater, Trainer, Jugendgruppenleiter, Paten oder Onkel. Manchmal kommt auch ein deutlich älterer Bruder oder ein sozialer Vater (Stiefvater) in Betracht.

Elterntipp
Für Mütter
Sie können auch als Mutter viel dazu beitragen, dass Ihr Sohn seine Geschlechtsidentität gut entwickeln kann:

- Fördern Sie den Kontakt zu seinem Vater, auch wenn Sie von ihm getrennt leben. Wenn das nicht möglich ist, helfen Sie Ihrem Sohn bei der Suche nach einem »Ersatz-Vater« oder Paten (siehe Kasten links).
- Lassen Sie (Ersatz-)Vater und Sohn viel Raum und Zeit miteinander. Mischen Sie sich nur im Notfall in die Beziehung ein; geben Sie beiden die Chance, eine eigene Beziehung aufzubauen.
- Unterstützen Sie die Rituale der beiden, aber suchen Sie auch Mutter-Sohn-Rituale.
- Ihr Mann wird sicher einiges anders machen als Sie, das heißt aber nicht, dass es schlechter sein muss!
- Sagen Sie Ihrem Sohn, was Sie von ihm als Jungen erwarten und wie er sich Ihnen und Frauen gegenüber verhalten soll.
- Bedenken Sie, dass Ihre Haltung und Ihr Verhalten Männern gegenüber einen großen Einfluss auf Ihren Sohn haben. Sein Selbstbild wird ungünstig beeinflusst, wenn Sie eine negative Einstellung zum anderen Geschlecht haben. Auch Bemerkungen über »die Männer«, wie sie zum Beispiel in Gesprächen mit anderen Frauen oder beiläufig Ihrem Mann gegenüber fallen können, gehören dazu, etwa: »Typisch Mann, hört nie zu!« oder »Typisch dein Vater, rührt keinen Finger!«.
- Schenken Sie Ihrem Sohn Bilderbücher oder Bücher, die er selbst lesen kann, in denen ein positives, vielfältiges Männerbild

dargestellt wird. Je jünger Ihr Sohn ist, umso mehr Möglichkeiten haben Sie in dieser Richtung. (Buchtipps siehe Anhang)

- Richten Sie für Ihren Sohn eine Verkleidungskiste her, in der Sie alle möglichen Klamotten und Accessoires für Rollenspiele sammeln: Hüte, Röcke, Kleider, Uniformen, Helme, Gürtel, Schmuck, Masken … Das hilft Ihrem Sohn, sich auszuprobieren, ein Gefühl für seine Identität zu entwickeln und Erwachsene nachzuahmen.

Bericht aus dem richtigen Leben:
Besuch in Beschlag genommen

»Immer wenn Jan, einer unserer (erwachsenen) Freunde, zu uns zu Besuch kam, nahm Luca ihn sofort in Beschlag. Er hing dauernd an ihm dran, beobachtete ihn ununterbrochen. Und kaum hatte Jan sein letztes Stück Kuchen im Mund, zog Luca ihn ungeduldig am Arm und wollte mit ihm allein in sein Zimmer zum Spielen gehen. Da kamen dann beide lange nicht mehr heraus. Das war schon ein bisschen komisch für uns. Auch Jan hatte wohl das Gefühl, dass er das eigentlich nicht machen könne, wenn er doch bei der ganzen Familie zu Gast war. Aber Luca hat letztlich seinen Kopf durchgesetzt – gegen die beiderseitigen Anstandsbedenken. Wenn beide dann aus dem Zimmer kamen, sahen sie ganz fröhlich und zufrieden aus. Und abends hat uns Luca dann immer gezeigt, was sie alles zusammen gespielt hatten, wie viele Papierflieger sie gebaut und welches Legogebäude sie fertig gestellt hatten. Luca war dann einfach selig – und Jan schien ebenfalls großen Spaß zu haben, wenn er bei uns war.«

Stefan und Henrike, 44 und 37, Eltern von Luca

Ein Freund, ein guter Freund ...

Für das Geschlechterrollenverhalten eines Jungen sind nicht nur erwachsene Männer ein Vorbild, sondern sie orientieren sich auch stark an anderen Jungen. Das beginnt schon im Kindergarten. Ab etwa vier Jahren bevorzugen Jungen gleichgeschlechtliche Freunde und Spielkameraden. Mit ihnen teilen sie ihr Interesse für Bauarbeiten mit Holzklötzen, für Autos und bewegungsfreudige Spiele. Und gemeinsam versuchen sie sich »männlich« zu verhalten. Oft eignen sie sich auch gemeinsame Ausdrücke und vor allem eine »starke« Sprache an. Dann wird alles Mögliche »krass« oder »cool«. Für Erwachsene wirken solche Kontakte oft etwas befremdlich, weil die Jungen gern voreinander prahlen und oft mehr aneinander vorbei als miteinander reden. Aber solche ersten Gehversuche auf dem männlichen Terrain sind wichtig für die Geschlechtsstabilität und erste Loslösungsversuche vor allem von der Mutter.

Soweit das Verhalten nicht in regelrechte Machoallüren ausartet und die Freunde keinen wirklich schlechten Einfluss auf ihren Sprössling ausüben, sondern alles in einem gewissen Rahmen bleibt, sollten Eltern sich nicht in die Freundschaften ihres Sohnes einmischen. Dann können aus den Geschlechtsgenossen echte Freunde werden. Manchmal halten solche »Sandkastenfreundschaften« viele Jahre. Sie zeichnen sich dadurch aus, dass die Jungen immer weniger voreinander prahlen, sondern kooperativ und respektvoll miteinander umgehen.

Jungen in der Gruppe

Am liebsten schließen sich Jungen in Gruppen zusammen, um Gemeinsamkeiten zu schaffen und sich zugehörig zu fühlen. Dazu grenzen sie sich von anderen, vor allem von Mädchen, ab. In solchen Gruppen herrschen meist streng hierarchische Strukturen und eine auffällige Hackordnung. Solche Jungengruppen sind schon im Kindergarten deutlich geschlossener als Mädchengruppen. Diese können normalerweise gut ohne »Chefin« miteinander umgehen. Bei den Jungs findet sich meist ein »Boss«, der immer wieder seine Führungsposition gegen Rivalen verteidigen muss, und der klare Anweisungen gibt. Auch der Sozialisationsdruck und die Abgrenzung gegenüber den Erwachsenen sind hier stärker, als wenn Mädchen sich zusammenschließen.

Jungengruppen entwickeln manchmal auch eine ganz eigene Dynamik, die für Eltern besorgniserregend sein kann. Dann grenzen sie andere aus oder entwickeln einen starken Gruppenzwang. Jungen behaupten dann zum Beispiel »Mädchen sind doof!« oder verlangen von jedem Gruppenmitglied, dass es gefährliche Mutproben besteht. In solchen Gruppen steigt auch die Gefahr, dass Jungen gehänselt werden, die sich zum Beispiel Mädchen und ihren typischen Aktivitäten zuwenden.

Deshalb sollten Sie – ohne ihn zu viel zu kontrollieren – immer gut im Auge behalten, mit wem Ihr Sohn unterwegs ist und was er so macht. Und Sie sollten sich selbstverständlich einmischen, wenn es gefährlich oder kriminell wird. Sagen Sie Ihre Meinung, wenn Sie zum Beispiel einen zu starken Gruppenzwang vermuten. Es wird aber mit zunehmendem Alter des Jungen immer schwerer, als Eltern wirklich Einfluss auf seinen Umgang zu nehmen. Am besten beugen Sie rechtzeitig vor, indem Sie noch unauffällig mitmischen bei der Wahl seiner Gruppe.

Organisierte Gruppen als Schonräume

Sie können – und sollen – indirekt sehr wohl Einfluss darauf nehmen, was Ihr Sohn in seiner Freizeit tut und mit wem er sich trifft. Dazu können Sie rechtzeitig nach einer geeigneten Gruppe Ausschau halten, die für Ihren Sohn interessante Aktivitäten anbietet. Solche Gruppen werden von vielen Organisationen angeboten: von Kirchen, Sport-, Musik- und Naturschutzvereinen oder den Pfadfindern (Adressen siehe Anhang). Später können auch die

Jungen lieben es, sich in Gruppen zusammenzuschließen. Einer von ihnen ist dann der Häuptling.

Jugendfeuerwehr und das Technische Hilfswerk für Ihren Sohn interessant werden.

Seit Generationen haben sich diese Schonräume für Kinder und Jugendliche bewährt. Hier treffen sie Gleichaltrige und können erste Kontakte zum anderen Geschlecht knüpfen. Außerdem können Jungen ihr Bewegungsbedürfnis und ihre Abenteuerlust gerade in solchen Freizeitgruppen bestens befriedigen. Und Jungen finden noch etwas Wichtiges: Männer. Denn die Gruppen werden meist von jüngeren Männern geleitet, von Betreuern oder Trainern, die sich Zeit nehmen, die Interessen der Jungen unterstützen und ihnen als reale Vorbilder dienen können.

Viele solcher Gruppen veranstalten zudem in den Ferien Zeltlager oder andere Freizeiten, die für Jungen (und auch Mädchen) sehr interessant sind. Egal ob Kanufahren in Schweden, Bergtouren in den Alpen oder ein Zeltlager am Fluss – hier bekommen Jungen genau das richtige Angebot. Solche Ferienlager bieten übrigens auch immer mehr Volkshochschulen und Gemeinden an, ebenso wie Tages- oder Wochenendkurse für Jungen, in denen sie etwas erleben oder bauen können.

Wie können Jungen auf der Suche nach ihrer Identität begleitet werden?

Interview mit Dirk Schröder, 52, Wildnispädagoge, Vater einer Tochter (21) und eines Sohnes (20), veranstaltet unter anderem Naturcamps, Wildniswochenenden und Initiationskurse für Jungen (www.elementar-erfahrungen.de).

Herr Schröder, Ihre Kurse zum Bogenbau besuchen meist Väter mit ihren Söhnen. Was können sie dort gemeinsam erleben?
Diese Kurse liegen mir besonders am Herzen, weil sie ganz neue Verbindungen und Erfahrungen für Vater und Sohn bedeuten können. Jeder baut seinen eigenen Bogen und dazu Pfeile, wobei es viele Möglichkeiten gibt, sich gegenseitig zu unterstützen. Zum Abschluss vermittle ich erste Kenntnisse im »Intuitiven Bogenschießen«. Damit gehen Vater und Sohn mit einem breiten Spektrum an gemeinsamen Erfahrungen und Erlebnissen nach Hause, die sie lange darüber hinaus verbinden. Dieser Kurs kann die Beziehung auf eine ganz neue Ebene heben und der Anfang gemeinsamer Interessen sein. Ich habe dabei bewusst den Bogensport gewählt, weil er eines der archaischen Elemente in uns symbolisiert und den Jäger im (heranreifenden) Manne weckt.

Was lernen Jungen und Mädchen in Ihren Naturcamps?
Die Kinder lernen Fertigkeiten, die sie brauchen, um in der Natur zu leben bzw. zu überleben. Wenn sie wissen, wie sie eine Notbehausung herstellen können, erfahren haben, wie sie Feuer auch bei schlechtem Wetter machen können, nur mit den Anzündern der Natur, wenn sie die häufigsten essbaren Pflanzen kennen gelernt haben und wissen, wo sie Wasser bekommen, fühlen sie sich in der Natur gleich viel sicherer. Die Kinder lernen darüber hinaus auch den Umgang mit dem Messer und bekommen Fertigkeiten vermittelt, um Schalen und Essbesteck mit einfachen Mitteln selbst herzustellen. Feuer ist draußen lebenswichtig. Deshalb ist der sichere Umgang mit Feuer ein wichtiger Bestandteil des Trainings. Schließlich braten die Kinder selbstständig ihr Essen auf der eigenen Feuerstelle.

Anders als in der Schule lernen die Kinder hier über den Antrieb durch Neugierde und Notwendigkeit. Wir nennen das »Coyote-Teaching«. Dabei geben wir im rechten Moment kleine Hinweise oder Hilfestellungen, so dass die Kinder schließlich ihre Aufgaben selbstständig lösen können.

Warum finden Sie es wichtig, dass Kinder solche Dinge lernen. Können sie das denn für ihr tägliches Leben brauchen?
Der Kontakt zur Natur geht den Kindern zunehmend verloren. Gameboy, Computerspiele und Videos sind vor allem für Jungen an ihre Stelle gerückt. Ich mache die Erfahrung, dass das Leben in der Natur die Kinder selbstbewusster macht. Wer einmal mit einem einzigen Streichholz ein Feuer anbekommen hat, vergisst diese Fertigkeit nie wieder. Die Augen der Kinder leuchten dann, und sie sind stolz auf ihre Leistung. Das Feuer lehrt sie von ganz allein, dass es gefüttert werden will. Sie überwinden ihre Widerstände, und ihre Verweigerungshaltung verwandelt sich in Motivation.

Ein Nebeneffekt ist, dass Kinder den respektvollen Umgang mit der Natur und miteinander erfahren. Sie begreifen da draußen schnell, dass wir alle miteinander verbunden sind.

Sie bieten auch, gemeinsam mit Christiane Wegener, Wochenenden für Familien an zum Thema »Über-Leben in der Natur«. Was verbirgt sich dahinter?
Wie wir in dem Camp leben – im Einklang mit der Natur und den Elementen –, das ist meistens auch ungewohnt für die Eltern. So machen Eltern und Kinder gemeinsam neue Erfahrungen. Eltern lernen, was sie ihren Kindern zumuten können, und bekommen dahingehend Vertrauen, dass ihre Sprösslinge verantwortungsbewusst mit Messer und Feuer umgehen lernen. Die notwendigen Aufgaben im Camp unterstützen die Interaktion und das Miteinander aller Beteiligten. Dabei werden die individuellen Fähigkeiten gefördert, ohne jemanden zu überfordern. Schon nach kurzer Zeit erleben wir in den Kursen die Kraft und Unterstützung der großen Gemeinschaft. Eltern können ihre Kinder im Camp ganz neu kennen lernen – und umgekehrt. So gehen sie mit neuen gemeinsamen Erfahrungen heim, die sie stärker zusammenschweißen.

Warum versuchen Sie in Ihren Initiationskursen ein altes Ritual wieder zu beleben? Was passiert da mit den Jungen?
Das Wissen, das wir in den Kursen vermitteln, stammt von den Naturvölkern, die im Einklang mit der Natur gelebt haben und teilweise heute noch so leben. Das heißt, sie durchlaufen auch bewusst den Jahreszyklus und das Rad des Lebens. Bei diesen Völkern waren Übergangsriten ein fester Bestandteil ihrer Kultur. So wurde ein Junge im Alter zwischen 12 und 14 Jahren in den Kreis der Männer initiiert. Dabei war die Loslösung aus der Obhut der Mutter ein wichtiger Bestandteil des Rituals.

Wie können solche Initiationsrituale bei uns aussehen?
In unserer Gesellschaft gehört an diese Stelle der bewusste Übertritt in den Lebensabschnitt der Jugend, in die Jahre des Teenagers. In diesem Ritual geht es darum, in einem geschützten Rahmen die Grenzen der Kindheit zu erweitern und neue Erfahrungen zu machen. Selbst gemachten, gefährlichen Initiationsritualen wie

Autorennen oder Saufen bis zum Umfallen werden so sicher begleitete Herausforderungen in der Natur beim Übergang in die Jugend entgegengesetzt.

Was muss sich ändern, wenn die Heranwachsenden in ihre Familie und in ihr Umfeld zurückkehren?

Der bewusste Übertritt aus der behüteten Obhut der Mutter in den Kreis der Männer ist ein ganz wichtiger Schritt im Leben eines Jungen. Dazu gehört es, die Verantwortung für sein Handeln zu übernehmen und neue Aufgaben übertragen zu bekommen, die seinem Alter und Entwicklungsstand angemessen sind, den Jugendlichen aber durchaus herausfordern dürfen. Das heißt, die Eltern sind aufgerufen, in ihrem Alltag etwas zu verändern. Zum Beispiel sind nun die Männer in der Familie und im Freundeskreis die Ansprechpartner für den jungen Mann. Es könnte sein, dass der Vater allein mit dem Jugendlichen etwas unternimmt, das eine Herausforderung darstellt, und dass die Mutter ihn von bestimmten Aufgaben entlässt und ihm andere überträgt.

Da wir in unserer Kultur keine festen Rahmenbedingungen für diesen Übergang haben, sollten die Eltern sich im Vorfeld beratschlagen, was für ihren Sohn angemessen ist und wie sie dies im Laufe der Zeit steigern können. Ich möchte noch einmal betonen, dass die Mütter sich mit ihrer Fürsorge zurücknehmen müssen und gleichzeitig die Väter mehr für die Jungen da sind und sie in den Kreis der Männerfreunde einführen.

Wenn der Vater fehlt – was ja immer öfter vorkommt – ist es gut, wenn der Junge sich einen Paten sucht, der ihn in den kommenden Jahren begleiten kann.

Vielen Dank für dieses Gespräch!

5

Jungen im Kindergarten und in der Schule

Es muss noch viel passieren, wenn Jungen in Kindergarten und Schule genauso gut gefördert werden sollen wie Mädchen. Sie brauchen mehr Raum zum Toben und Raufen. Und sie lernen viel besser, wenn sie selbst etwas tun können. Etwa Versuche machen oder mit verschiedenen Materialien arbeiten. Vielleicht ist sogar ein teilweise geschlechtergetrennter Unterricht sinnvoll.

Die Zeit im Kindergarten

In den vorangegangenen Kapiteln haben wir vor allem gezeigt, wie Jungen durch ihre Eltern und das private Umfeld gefördert und unterstützt werden können. Kinder verbringen aber, meist ab drei oder vier Jahren, auch viel Zeit außerhalb der Familie. Deshalb ist es vor allem bei den Institutionen Kindergarten und Schule wichtig, genau hinzusehen, ob sie den Bedürfnissen von Jungen auch wirklich gerecht werden.

Insgesamt scheint die Welt für Jungen im Kindergarten noch weitgehend in Ordnung zu sein. Allerdings kündigen sich auch hier schon Defizite an, die sich in der Schule noch deutlich verstärken. Wirft man einen Blick in die Kindergärten, so wird in den allermeisten Einrichtungen schnell deutlich, dass den Jungen nur wenig Raum für ihre bevorzugten Spiele zur Verfügung steht, etwa in Form von Tobecken oder Sportzimmern. Dagegen sind die meisten Kindergärten geradezu vorbildlich ausgestattet, wenn es um Bereiche geht, in denen Mädchen gern spielen, etwa die Puppenecke oder die Mal- und Basteltische. Auch dem Bedürfnis nach Spielen im Freien und im Garten wird, manchmal auch aus Platzmangel, oft weniger nachgekommen. Und es fällt auf, dass schon im Kindergarten erstaunlich viel gesessen wird, zum Beispiel für feinmotorische Tätigkeiten wie Malen oder Basteln.

Mädchen als Vorbilder

Auch das Verhältnis zwischen den Jungen und den zu 95 Prozent weiblichen Erziehern scheint einen Vorgeschmack auf die Schulzeit zu geben: Jungen, die stören, bekommen besonders viel Aufmerksamkeit. Denn die Erzieherinnen mögen lieber Ruhe in ihrer Gruppe und bevorzugen ein konfliktarmes Verhalten, das vor allem den Mädchen entspricht. Das körperbetonte, oft laute und wilde Spiel der Jungen lehnen sie dagegen vielfach ab. In der Tat ist dies ja auch anstrengender und unbequemer. Außerdem sind die unterschiedlichen Bedürfnisse der Geschlechter noch zu wenig bekannt und akzeptiert. So passiert es, dass das Verhalten der Mädchen als »normal« gilt und die Jungen daran gemessen werden – auch in der Schule.

Wie im Kindergarten, so gelten Mädchen im Unterricht als »pflegeleichter« und angenehmer für die Lehrer. Mädchen dienen als Vorbild, auch hinsichtlich ihrer schulischen Leistungen: Sie haben in der Regel die besseren Noten und machen die besseren Abschlüsse. Außerdem sind Mädchen unauffälliger, umgänglicher, vernünftiger, ruhiger, einfühlsamer, sozialer, unproblematischer und leichter zu »handeln« als die meisten Jungen. Sie schreiben auch noch schöner und leserlicher und können zudem besser still sitzen. Daran sollen sich die Jungen ein Beispiel nehmen!

Aber das funktioniert natürlich nicht, weil Jungen nicht Mädchen, sondern andere Männer als Vorbilder brauchen (siehe Kapitel 4) und weil Jungen gar nicht so sein können und wollen wie Mädchen. Also streben sie auch gar nicht danach, die Mädchen einzuholen – zumal dieses Unterfangen in der Schule meist auch aussichtslos wäre. Stattdessen stören sie und stiften Unruhe, finden (verständlicherweise) keinen Gefallen an der Schule, werden in ihren Leistungen nicht selten immer schlechter – und vielleicht sogar zu einem der vielen männlichen Schulversager.

Aber daran sind natürlich nicht die Mädchen schuld. Auch sie waren lange Verliererinnen des Systems Schule. Ihre Situation wurde in den letzten Jahren jedoch systematisch verbessert; offensichtlich zeigt die gezielte Mädchenförderung Erfolg. Doch dass Mädchen in der Schule bisher benachteiligt waren, lässt nicht den Umkehrschluss zu, dass es Jungen in der Schule gut geht. Das Gegenteil ist der Fall: Es geht ihnen noch schlechter als den Mädchen. Die (öffentliche) Schule wird den Jungen nicht gerecht – und den Mädchen auch nicht wirklich. Denn die Bedürfnisse von Kindern werden im Schulsystem viel zu wenig berücksichtigt. Im Folgenden werden wir dazu die wichtigsten Bereiche erläutern, vor allem die für Jungen relevanten.

Mädchen als Vorbilder für Jungen? Das kann nicht funktionieren!

Entwicklungsrückstand mit Folgen

Weil Jungen in ihrer feinmotorischen Entwicklung in aller Regel langsamer sind als Mädchen (siehe Kapitel 1), machen ihnen die entsprechenden Tätigkeiten wie Malen und Basteln auch weniger Spaß. Werden sie im Kindergarten deshalb aber nicht entsprechend häufiger an den Maltisch gesetzt oder wird ihnen keine Schere in die Hand gegeben, dann wird sich das spätestens mit der Einschulung rächen. Das betrifft auch die »Vorschule«, also die traditionelle Schulvorbereitung. Mädchen nehmen nach einschlägigen Untersuchungen deutlich bereitwilliger an diesen Maßnahmen teil. In der Folge kommen beide Geschlechter schon unterschiedlich vorbereitet in die Schule, was für die Jungen von Anfang an deutliche Nachteile bedeutet. Das hat beträchtliche Folgen: Im Durchschnitt hinken Jungen den Leistungen der Mädchen in den ersten zehn Schuljahren hinterher. Sie haben eigentlich – bis auf wenige Ausnahmen – gar keine Chance, gleich gut zu sein und damit die gleiche schulische Anerkennung zu bekommen.

Die feinmotorische »Schwäche« führt auch dazu, dass Jungen deutlich weniger Spaß an der Schönschrift oder an Arbeiten haben, die ein sauberes Hantieren mit Schere und Stift erfordern. Auch Häkel- und andere Handarbeiten überfordern sie oft.

Zu dem feinmotorischen kommt meist noch ein sprachlicher Rückstand der Jungen gegenüber den Mädchen (siehe Kapitel 3), der ihnen auch im Unterricht spürbare Nachteile bringt. In der Folge entsteht nur allzu leicht ein Minderwertigkeitsgefühl, das viele Jungs mit verbalem Großmannsgehabe und einer vermeintlichen körperlichen und kräftemäßigen Überlegenheit wettzumachen suchen. In Wirklichkeit aber fühlen sich die Jungen klein und mutlos. Ihr Selbstbewusstsein wird untergraben. Denn sie sind es gewohnt, mit anderen – in dem Fall mit den Mädchen – in Wettbewerb zu treten und danach zu streben, die Besten zu sein. Aber in diesem ungleichen Wettbewerb haben sie einfach keine Chance, sondern das Gefühl, dass es weitgehend zwecklos ist. Und deshalb vergeht ihnen oft ganz einfach die Lust am Lernen. Sie entwickeln eine (Schutz-)Haltung, die so viele Eltern und Lehrer kennen: Es ist einfach »uncool«, in der Schule erfolgreich zu sein. Und ein Junge, der sich über dieses ungeschriebene Gesetz hinwegsetzt,

Hintergrund: Jungen sind die Verlierer im System Schule

Sieht man sich die Situation in den Schulen an, so wird schnell klar, dass es die allermeisten Probleme mit den männlichen Schülern gibt:

- Sie sind lauter, stören den Unterricht häufiger und produzieren mehr Konflikte.
- Jungen sind die schlechteren Schüler: Bei der PISA-Studie schneiden sie in den meisten Fächern deutlich schlechter ab als die Mädchen.
- Der Anteil männlicher Schüler an weiterführenden Schulen sinkt immer mehr.
- Jungen machen die schlechteren Schulabschlüsse und bleiben häufiger sitzen.
- Der Anteil der überwiegend männlichen Schulabbrecher steigt weiter an.
- Jungen stellen drei Viertel der Schüler mit Lernschwierigkeiten und 90 Prozent in Klassen für Verhaltensauffällige.
- Sie leiden dreimal häufiger als Mädchen an dem so genannten Zappelphilipp-Syndrom (ADHS).
- Sie verbringen wesentlich mehr Zeit mit Medien wie Fernsehen, Computerspielen und Internet, zum Teil mehr Stunden, als sie in der Schule sind.

wird von seinen Geschlechtsgenossen als »Streber« oder »Mädchen« beschimpft. Unterricht wird zum »Weiberkram« erklärt, was dadurch verstärkt wird, dass fast nur Lehrerinnen die Jungen unterrichten. Entsprechend zeigen viele Schüler schon nach wenigen Schuljahren demonstratives Desinteresse an allem, was mit Schule zu tun hat. Oft stören und schwänzen sie, wenn sie älter werden, den Unterricht.

Schwächen im System

Wir neigen dazu, den Jungen selbst die Schuld für ihre schulischen Probleme in die Schuhe zu schieben. Sie sollten sich mehr anstrengen, fleißiger sein und sich benehmen wie die Mädchen, dann wären sie ihre Probleme los. Dabei verkennen wir wiederum, dass Jungen und Mädchen anders sind und deshalb auch andere Bedürfnisse haben. Denn gerade für die Schule gilt: Damit wir den Kindern gegenüber wirklich gerecht sind und allen die gleichen Chancen einräumen, müssen wir auch ihre Unterschiede anerkennen und sie dort abholen, wo sie stehen – als Junge oder als Mädchen. Solange wir wesentliche Unterschiede übersehen, kann die Gleichmacherei sogar gefährlich werden – nämlich dann, wenn wir nicht erkennen, dass der Fehler im System liegt, dass etwas nicht stimmt in der (öffentlichen) Schule, wenn überdurchschnittlich viele Jungen Probleme haben und machen.

Dass sich, nicht nur für Jungen, auch die Unterrichtsmethoden ändern müssen und zumindest in Teilen auch ein nach Geschlechtern getrennter Unterricht hilfreich sein kann, wird bereits ansatzweise erkannt und in die Tat umgesetzt. Dazu werden wir weiter unten noch Genaueres sagen. Bis sich aber im System etwas ändert (was bekanntlich lange dauern kann), sind Eltern, Erzieher und Lehrer gefragt, die Bedürfnisse von Jungen anzuerkennen und ihren Schulstart bestmöglich vorzubereiten, um sie auf ihrem Weg durch die Schule zu unterstützen.

Den Schulstart unterstützen

Vor allem können Sie als Eltern schon früh die feinmotorischen Fähigkeiten Ihres kleinen Sohns gezielt fördern (siehe Elterntipp Seite 104). Denn er wird sich aller Voraussicht nach schwer tun mit kleinen und feinen Arbeiten, die er mit Schere und Klebstoff ausführen soll. Das Zeichnen mit Stift oder Pinsel ist für Ihren Sprössling vermutlich eine ähnlich schwierige Aufgabe wie das Schreiben mit dem Füller. Auf Ihren Sohn warten beim Schuleintritt noch viele Herausforderungen, die er zu meistern hat – und bei denen er Ihre Unterstützung gut gebrauchen kann. So muss er praktisch von einem Tag auf den anderen still sitzen und leise sein. Er darf nur reden, wenn er die Erlaubnis bekommt oder Pause ist, dafür muss er fast immer zuhören und sich konzentrieren. Er darf auch nicht mehr spielen und sich bewegen, wann er will. Er soll seine Energie fast ständig zügeln, seine Lebendigkeit ist kaum noch gefragt. Da muss sich ein Junge ganz schön verbiegen!

Jungen später einschulen

Sie können natürlich im Rahmen Ihrer Möglichkeiten nach (meist privaten) Schulen Ausschau halten, welche die Bedürfnisse von Jungen (und Mädchen) stärker berücksichtigen. Nicht alle Eltern tun sich aber leicht, für ihr Kind eine alternative, vielleicht staatlich nicht anerkannte, Schule zu wählen. Denn die Frage, ob ihrem Sohn dann noch alle schulischen und beruflichen Türen offen stehen, verunsichert sie. Schließlich wollen sie ihrem Kind ja nicht den Weg verbauen. Trotzdem lohnt sich ein Blick in eine »andere« Schule! Wir werden weiter unten noch einmal auf dieses Thema zurückkommen, und zwar bei den Unterrichtsmethoden, die zum Beispiel an Montessori-Schulen praktiziert werden.

Eltern können noch eine andere Möglichkeit in Erwägung ziehen, um ihrem Sohn den Start in den »Ernst des Lebens« zu erleichtern: Viele Fachleute empfehlen, Jungen prinzipiell ein Jahr später

Hintergrund: Soft Skills – »weibliche« Qualitäten sind gefragt

Die Anforderungen an die Schüler haben sich verändert, so der Berliner Erziehungswissenschaftler und Schulforscher Ulf Preuss-Lausitz. Heutzutage seien in erster Linie »weibliche« Qualitäten gefragt: Sprachbegabung, Lesefreude, Kommunikations- und Teamfähigkeit zum Beispiel gelten als »Schlüsselqualifikationen«. Typisch männliche Denk-, Wahrnehmungs-, Empfindungs- und Reaktionsmuster werden dagegen nur wenig berücksichtigt. Das bedeutet, dass man nur mit den entsprechenden Schlüsselqualifikationen seine fachlichen Kompetenzen und sein Wissen in der heutigen Berufswelt auch erfolgreich einsetzen kann. Denn die typischen Männerberufe werden zunehmend auch von Frauen erobert, oder sie fallen immer mehr weg, wie etwa in der Baubranche. Dagegen nimmt die Zahl der Dienstleister zu, eine klassische Frauendomäne, in der die »weiblichen« Kompetenzen besonders gefragt sind.

Deshalb ist es so wichtig, dass auch Jungen »Soft Skills« erwerben. Sonst haben sie kaum Chancen, interessante Jobs zu bekommen.

Die wichtigsten Schlüsselqualifikationen sind:

- **Teamgeist:** Ihr Sohn ist kontaktfreudig, kommunikativ, hilfsbereit, solidarisch, arbeitet für andere und mit ihnen zusammen.
- **Flexibilität:** Ihr Sohn ist offen, interessiert an Neuem, hat Lust auf Veränderungen, ist in der Lage, sich an neue Situationen anzupassen.
- **Konfliktfähigkeit:** Ihr Sohn setzt sich mit anderen auseinander, weicht Konflikten nicht aus, ist kritikfähig, sucht nach Lösungen, streitet fair, verhandelt und ist kompromissbereit.

- **Kommunikationsfähigkeit:** Ihr Sohn beherrscht die Sprache gut, kann diskutieren, verhandeln, argumentieren, aktiv zuhören und Kontakte schließen.
- **Organisationstalent:** Ihr Sohn kann methodisch vorgehen, planen, Wichtiges von Unwichtigem unterscheiden und seine Zeit sinnvoll einteilen.
- **Medienkompetenz:** Ihr Sohn ist erfahren und kompetent im Umgang mit allen wichtigen Medien, aber auch kritisch gegenüber den Inhalten und dem eigenen Umgang mit den Medien.
- **Stressresistenz:** Ihr Sohn ist gelassen und ausgeglichen und besitzt eine hohe Frustrationstoleranz.
- **Kreativität:** Ihr Sohn ist neugierig, phantasievoll, experimentiert gern und kann quer denken.

einzuschulen als Mädchen (Ausnahmen möglich). Denn, so die Argumentation, in diesem Jahr hätten sie viel von ihrem feinmotorischen und sprachlichen Rückstand aufgeholt, wären körperlich ähnlich gut entwickelt wie die Mädchen und könnten zudem eher still sitzen. Schon heute fällt auf, dass 90 Prozent der vorzeitig eingeschulten Kinder Mädchen sind.

Elterntipp

Die Feinmotorik fördern – auch ohne Stift und Schere

Es gibt im Alltag viele Tätigkeiten, mit denen Sie die Feinmotorik Ihres Kindes gezielt und ohne großen Aufwand fördern können. Bestimmt findet sich in der folgenden Liste auch für Ihren Sohn etwas, das ihm Spaß macht:

- Kleine Perlen auffädeln
- Knöpfe auf- und zumachen
- Bälle in einen Eimer werfen oder ein anderes Ziel damit treffen
- Gemüse schälen

- Teig oder Quark rühren (eine prima Schwungübung fürs Schreibenlernen!)
- Schnüre »stricken«
- Nähen
- Geschirr abtrocknen
- Nägel einschlagen
- Etwas zusammenschrauben
- Schleifen binden
- Flieger basteln
- Mit Legosteinen etwas bauen

Die Lesekompetenz stärken

Wie Sie als Eltern die sprachlichen Fähigkeiten Ihres Sohnes unterstützen können, haben Sie schon in Kapitel 3 erfahren. Auch die Schule muss hier noch viel aktiver werden. Wie aus dem PISA-Test hervorgeht, verstehen Jungen Texte deutlich schlechter als Mädchen. Sie haben auch weniger Lust zu lesen. Deshalb fordert die Studie, dass sowohl die Lesemotivation als auch das Textverständnis insbesondere von Jungen gestärkt werden müssen.

Viele der Texte zum Beispiel in Lesebüchern oder im Fremdsprachenunterricht, so zeigt sich in der Unterrichtspraxis, interessieren die Jungen inhaltlich gar nicht. Was spricht also dagegen, Lektüren auszuwählen, in denen es um Autos, Fußball oder andere Sportarten geht? Auch Texte mit geografischem und biologischem Inhalt oder über die Raumfahrt interessieren männliche Schüler oft viel mehr als Geschichten über zwischenmenschliche Beziehungen. Als Klassenlektüre könnten Lehrer zum Beispiel Detektiv- oder Abenteuergeschichten wählen wie »Tom Sawyer«. Auch Sachbücher mit für Jungen interessanten Themen können herangezogen werden. Wichtig ist, für beide Geschlechter spannende Inhalte zu finden.

Sehr förderlich für die Sprachkompetenz und die Freude am Umgang mit der Sprache sind auch (Schul-)Theatergruppen. Solche Erfahrungen eröffnen oft einen ganz neuen, intensiven Kontakt zur Sprache. Auch könnten Eltern und Lehrer Lesegruppen für Jungen anregen. Denn in solchen Zirkeln wäre es möglich, Inhalte auszuwählen, von denen sich Jungen besonders angesprochen fühlen und über die sie dann auch diskutieren können.

Den Unterricht verändern

Weil Jungen anders sind als Mädchen, lernen sie auch anders und brauchen einen anderen Unterricht. Wobei damit nicht gesagt werden soll, dass die üblichen Unterrichtsmethoden für Mädchen gut sind. Aber offensichtlich kommen sie besser damit zurecht. Vor allem die Bewegungsfreiheit ist für Jungen deutlich wichtiger, da sie körperlich und seelisch stärker nach außen orientiert sind. Sie lernen weniger passiv, also durch zuhören. Für Jungen ist der Frontalunterricht, bei dem sie die ganze Zeit zuhören und still sitzen müssen, eine echte Qual. Sie verlieren dann leicht das Interesse, werden unaufmerksam und stören den Unterricht.

Sie wollen lieber aktiv sein und etwas tun. Dabei lernen sie auch mehr. Jungen brauchen deshalb handlungsorientierte Aufgaben und konkrete Tätigkeiten. Sie wollen etwas mit den eigenen Händen herstellen und praxisnah lernen. Sie möchten nach dem Prinzip Versuch und Irrtum experimentieren und etwas erforschen, zum Beispiel mit dem Mikroskop oder bei Exkursionen in die Natur. Solche Unterrichtsformen werden zum Beispiel in den Montessori-Schulen mit großem Erfolg praktiziert. Kinder können sich dort aus einem Angebot verschiedener Materialien dasjenige heraussuchen, das sie am meisten anspricht, um sich einen bestimmten Stoff zu erarbeiten und ihn einzuüben. Auch einige öffentliche (Grund-)Schulen greifen in manchen Bundesländern bereits auf diese Methode zurück.

Interaktives Lernen am Computer macht vielen Jungen ebenso Spaß. Sie lesen oft lieber vom Bildschirm ab als in Büchern, arbeiten gern mit verschiedenen Lernprogrammen oder recherchieren im Internet. Das kommt vor allem ihrem Bedürfnis nach stärkerer Visualisierung der Inhalte entgegen. Eine Alternative zum Lesen oder Vorlesen kann auch sein, Texte von Kleingruppen vorspielen zu lassen.

Jungen äußern sich mehr über ihre Aktivitäten als über ihr Befinden, sie interessieren sich für Objekte oft mehr als für Beziehungen. Deshalb sollte die Schule die Freude der Jungen an unpersönlichen Themen nutzen, um das Lernen für sie wieder attraktiv zu machen. So könnte es im Unterricht durchaus mal über Motoren, Technik, Handys oder Hubschrauber gehen. Auch besondere Sportarten wie Bungee-Jumping oder Drachenfliegen, vorbildliche

Wenn es nicht zu viel wird, kann das Lernen am Computer für Jungen eine Bereicherung sein.

Sportler oder Abenteuer wie eine Nordpol-Expedition sind als Themen bei Jungen sehr beliebt. Das Problem dabei: Welchen Bezug hat die weibliche Lehrerin zu diesen Themen?

Bericht aus dem richtigen Leben:
»Mal sehen, was passiert!«

»Immer wenn ich im Physikunterricht Schülerversuche ankündige, merke ich, wie das Interesse bei den männlichen Schülern steigt. Sie warten dann schon ungeduldig darauf, dass sie ihr Material bekommen und ans Werk gehen können. Entsprechend übereilt führen sie ihre Versuche dann aus. Am liebsten forschen die Jungs drauflos, ohne sich an die Vorgaben zu halten. Sie wollen einfach mal herumprobieren, nach dem Motto: Mal sehen, was passiert. Ich merke daran, wie wichtig das Sammeln praktischer Erfahrungen und das Ausloten von Grenzen und technischen Möglichkeiten für Jungen ist. Sie sind dann viel intensiver bei der Sache als im theoretischen Unterricht. Ich glaube, wir müssten den Jungen viel mehr die Gelegenheit bieten, etwas mit ihren Händen zu tun, als sie den ganzen Tag still sitzen und zuhören zu lassen.«

Elisabeth K., 45, Physiklehrerin an einer Realschule

Mehr Männer an die Schulen!

Eine weitere Schwäche im System Schule besteht darin, dass es viel zu wenige männliche Lehrer gibt. In der Grundschule unterrichten 85 Prozent Frauen, in der Hauptschule 53, in der Sonderschule 73, in der Realschule 61 und am Gymnasium 48 Prozent – wobei angemerkt werden muss, dass den männlichen Gymnasiallehrern am liebsten die Oberstufe anvertraut wird. Unter diesem Männermangel leiden vor allem, aber nicht nur, die Jungen. Denn ihnen fehlen auch in der Schule die Vorbilder und männlichen Bezugspersonen (siehe Kapitel 4). Man darf davon ausgehen, dass schon allein mehr männliche Lehrer die Schule für Jungen wesentlich attraktiver machen und ihre Motivation deutlich verbessern könnten. Deshalb geistert immer mal wieder die Idee durch die Presse, von politischer Seite eine Lehrerquote einzuführen. Aber das ist natürlich – wenn überhaupt – Zukunftsmusik.

Bis tatsächlich mehr Lehrer unterrichten, sollte aber alles getan werden, damit sich an der Schule mehr Männer für Jungen einsetzen. Dazu ist es sinnvoll, dass einer der Lehrer »Jungenbeauftragter« wird (siehe dazu auch Interview Seite 26). Normalerweise wird dieser von den männlichen Schülern oder den Klassensprechern gewählt. Er ist dann der offizielle Ansprechpartner für die Belange der Jungen, bietet ihnen aber auch Verschiedenes an, was für Jungen interessant sein kann (siehe unten).

Eine andere wichtige Unterstützung für Jungen können Tutorenprogramme sein. Dabei kümmern sich ältere Schüler um jüngere. Sie können diese mit der Schule vertraut machen, in Tutorenstunden private und schulische Themen mit ihnen besprechen und sie für einige Jahre durch die Schulzeit begleiten. So werden sie zu wichtigen Ansprechpartnern für die Jüngeren.

Für die älteren Schüler können Mentoren in und außerhalb der Schule gewonnen werden, die sie in den letzten Jahren durch die Schulzeit begleiten. Sie unterstützen die Schüler bei den Vorbereitungen für die Abschlussprüfungen und planen mit ihnen den weiteren Lebensweg, helfen etwa bei der Berufswahl und beim Schreiben von Bewerbungen. Oft entwickeln sich mit den Mentoren auch Gespräche über andere wichtige »Männerthemen«. Inzwischen haben sich solche Mentorenprogramme schon an einigen Schulen bewährt. Meist sind es ältere Männer (siehe »Leih-Opa«, Seite 86), die ihr Berufsleben hinter sich haben und sich nun ehrenamtlich um die Jungen kümmern.

Pro und kontra Koedukation

In den letzten Jahren wurde viel über geschlechtergetrennten Unterricht gesprochen, wenn es um die strukturelle Benachteiligung von Mädchen ging. Hier sind in der Tat vor allem in den naturwissenschaftlichen Fächern beachtliche Erfolge erzielt worden, die belegen, dass Mädchen davon eindeutig profitieren konnten. Dass ein solcher Unterricht auch für Jungen von Vorteil sein könnte, ist noch kaum diskutiert worden, denn die Befürchtung der Lehrer ist groß, dass die Jungen ohne Mädchen im Unterricht noch schwieriger in den Griff zu bekommen seien. Bei dieser Argumentation liegt natürlich der Verdacht nahe, dass Mädchen manchen Lehrern als »sozialer Puffer« innerhalb der Klasse dienen.

Außerdem wird immer wieder das Argument angeführt, eine Trennung nach Geschlechtern sei unnatürlich und die Kinder lernten so keinen ungezwungenen Umgang mit dem anderen Geschlecht. Absolventen von Jungen- bzw. Mädchenschulen widerlegen dies. Außerdem trennen sich Mädchen und Jungen indirekt ja auch selbst, und zwar schon im Kindergarten. Dort gibt es meist eine oder zwei (größere) Jungengruppen und einige (kleinere) Mädchengruppen. Gemischte Zusammenschlüsse findet man selten und höchstens vorübergehend. Auch in der Grundschulzeit sind gemeinsame Aktivitäten die Ausnahme, und der Banknachbar hat meistens das gleiche Geschlecht – schon um dem Spott der Geschlechtsgenossen zu entgehen.

Vielleicht sollte also doch einmal darüber nachgedacht werden, ob nicht, wie für die Mädchen in den Naturwissenschaften, fächerweise ein getrennter Unterricht auch für Jungen von Vorteil sein könnte, und zwar vor allem in den sprachlichen Fächern. Dabei ist aber Vorsicht geboten, denn es dürfen auf diesem Weg keine Vorurteile transportiert werden im Sinne von »Wir trennen die Klasse, weil ihr Jungen in den Sprachen schwächer seid als die Mädchen«. Ein getrennter Unterricht scheint auch in den Sportstunden vorteilhaft zu sein, vor allem ab der Vorpubertät.

Bericht aus dem richtigen Leben: »Getrennter Sportunterricht hat viele Vorteile«

»Im koedukativen Sportunterricht, den ich jahrelang praktiziert habe, haben sich die Jungen immer beschwert, dass sie so viel Rücksicht auf die Mädchen nehmen müssten. In der Tat wird vielen Jungen sogar das Fußballspielen verleidet, wenn es künstliche Regeln gibt, etwa dass erst zwei Mädchen den Ball berührt haben müssen, bevor ein Tor zählt. Auf solche und ähnliche Regeln sind wir Sportlehrer einfach angewiesen, wenn wir Jungen und Mädchen gemeinsam unterrichten.

Heute gebe ich Sport nur noch für Jungs und merke, dass ich ihnen dabei viel besser gerecht werden kann. Denn sie wollen und können sich untereinander messen und sich dabei auch voll verausgaben, statt immer Rücksicht nehmen zu müssen. Jetzt ist Sport wieder zum Lieblingsfach vieler Jungen geworden. Auf der anderen Seite kommen auch Mädchen im getrennten Unterricht eher auf ihre Kosten, weil sie zum Beispiel Aerobic machen oder tanzen dürfen, was in gemischten Gruppen sehr schwierig ist.«

Rüdiger, 47, Sportlehrer an einer Gesamtschule

Eigene Räume für Jungs

Jungen brauchen, ebenso wie Mädchen, eigene Räume, in denen sie unter sich sein können – das bedeutet zum einen tatsächlich bestimmte Zimmer, zum anderen Bereiche und Zusammenschlüsse exklusiv für Jungen. Wie könnte das in der Schule aussehen?

Im Schulgebäude kann zum Beispiel ein Zimmer ausschließlich für die Jungen reserviert sein. Diesen Raum dürfen die Jungen selbst einrichten und in eigener Verantwortung verwalten. Hier können sie sich vor und nach der Schule oder in den Pausen treffen, aber auch zu jungenspezifischen Projekten, etwa zu Gesprächen mit Streitschlichtern, Schülersprechern, dem Jungenbeauftragten oder anderen (männlichen) Lehrern.

Ein weiterer Raum, von dem Jungen profitieren würden, ist ein Bewegungsraum oder Tobezimmer. Hier könnten zum Beispiel Matten und ein Boxsack für den körperlichen Ausgleich zwischendurch sorgen. Auch könnten darin im Unterricht entstandene Aggressionen abgebaut werden. Lehrer hätten dann die Möglichkeit, Schülern dieses Zimmer zum Abreagieren anzubieten. In einigen Schulen werden solche Möglichkeiten bereits erfolgreich genutzt.

Den Bedürfnissen von Jungen kann eine Schule sowohl innerhalb, als auch außerhalb des Unterrichts gerecht werden. Im Stundenplan kann zum Beispiel eine Jungenstunde (und parallel dazu eine Mädchenstunde) pro Woche angesetzt werden, die nur für die Jungengruppe, für Gespräche, Projekte und Workshops reserviert ist. Mit Projekten und Workshops rund um das Thema »Identität« kann sie deren Entwicklung positiv unterstützen. Relevant sind zum Beispiel Fragen zum Körper, zur Sexualität, zu Gefühlen und Beziehungen. Aber auch Themen wie Schulschwierigkeiten und Gewalt bieten sich in einem solchen Rahmen an. Externe Referenten und Berater können den Jungen zusätzlich wichtige Angebote machen.

Am Girls'-Day, der deutschlandweit jedes Jahr am 4. Donnerstag im April stattfindet, sollen die Mädchen typisch männliche (Berufs-)Domänen besuchen. An diesem Tag kann auch ein Boys'-Day veranstaltet werden, der den Jungen die Möglichkeit gibt, »Frauenbereiche« kennen zu lernen. Zum Beispiel können Jungen ein Tagespraktikum in einem Altenheim oder Kindergarten absolvieren. Oder die Schule veranstaltet eine Haushaltsrallye mit verschiedenen Stationen wie bügeln, Geschirr spülen, Fenster putzen, Knöpfe annähen und Ähnlichem. Am Ende könnten die Jungen dann einen Haushaltsführerschein erwerben. Diese und andere gute

Ideen können Sie beim Service-Büro »Neue Wege für Jungs« e.V. (Internet-Link im Anhang) finden.

Solche Jungenveranstaltungen dienen auch als Schon- und Übungsraum. Hier geht es mal nicht um Fußball. Vielmehr können Jungen sich auf ganz andere Weise ausprobieren: Zum Beispiel dürfen sie sich verkleiden und kochen, Theater spielen oder eine Schülerzeitung herstellen. Denkbar sind aber auch verschiedene Zirkel, etwa ein »Wissensclub« für wissbegierige Schüler, die in diesem Rahmen forschen oder ihr Spezialwissen austauschen können. Hier können Jungen auch Gleichgesinnte finden, die sich dem Diktat des »Schule ist Weibersache« nicht unterwerfen wollen, sondern lieber ihrem Wissensdurst und ihrer Forschernatur nachgehen – oder vielleicht sogar ihre Liebe zur Poesie entdecken. Denken Sie nur an den wunderbaren Film »Der Club der toten Dichter«, in dem ein paar Jungen, inspiriert durch ihren Lehrer, heimlich die Schönheit der Poesie und des Lebens entdecken.

Mehr Spiele und Bewegung

Dem starken Bewegungsdrang von Jungen wird in der Schule viel zu wenig Rechnung getragen. Im Gegenteil: Still zu sitzen, sich still zu verhalten und sich dabei auch noch zu konzentrieren ist für Jungen besonders schwierig. Oft wird dann sogar noch auf dem Schulhof Ruhe verlangt, und Rennen ist selbstverständlich verboten. So bleibt viel überschüssige Energie ungenützt und wird fehlgeleitet, etwa in Raufereien oder Störaktionen. Diese Bewegungsarmut ist aber unnatürlich und entspricht absolut nicht den normalen menschlichen Bedürfnissen (siehe Kapitel 2). Gerade Jungen leiden darunter; sie wünschen sich wesentlich mehr Bewegungsmöglichkeiten an der Schule. Dabei werden sie von der Wissenschaft unterstützt. So betont der Sportwissenschaftler Walter Brehm, dass Sport und Bewegung nicht nur die körperliche Ausdauer, Kraft und Beweglichkeit erhöhen, sondern auch die Leistungsfähigkeit, die Aufmerksamkeit und die Lernfähigkeit. Denn die intellektuelle Entwicklung und das Lernen sind eng mit der Bewegung verknüpft, die ihrerseits die Gehirnentwicklung anregt und die Konzentrationsfähigkeit steigert. Auch Kinderärzte fordern aus gesundheitlichen Gründen mindestens vier Stunden Schulsport pro Woche.

Es ist also höchste Zeit, dass mehr Bewegung in die Schulen kommt. In einigen Bundesländern gibt es bereits das Konzept der »bewegten Schule« oder »bewegten Unterricht«, das genau dafür sorgen möchte. Allerdings scheitern diese Vorhaben nicht selten an finanziellen Mitteln und auch an der Unterstützung des Lehrerkollegiums. Denn es braucht in der Tat ein wenig Geld und Engagement (zumindest in der Anfangszeit), um den Schülern mehr Bewegung in und außerhalb des Unterrichts zu ermöglichen. Dafür ist der Gewinn auf der anderen Seite, das zeigt die Praxis, deutlich zu spüren: gesündere, ausgeglichenere und zufriedenere Schüler, die sich besser konzentrieren, länger still sitzen können und den Unterricht weniger stören. Der Sportwissenschaftler Gunter Pilz hat sogar nachgewiesen, dass dieses Konzept gewaltpräventiv wirkt.

Für mehr Bewegung können allerlei Projekte sorgen, bei denen die Schüler etwas Praktisches tun, etwa beim Anlegen eines Schulgartens. Auch im Unterricht kann durch den Wechsel von stiller und Gruppenarbeit mehr Bewegung erreicht werden. Ein Gedicht kann etwa so auswendig gelernt werden, dass jede Strophe an einem anderen Ort im Schulhaus hängt. Die Kinder müssen sie finden, an Ort und Stelle auswendig lernen, ins Klassenzimmer zurückgehen und sie dort aufschreiben.

Wünschenswert ist auch bewegungsfreundliches Mobiliar, zum Beispiel Sitzbälle, welche die Schüler nicht zum ständigen Stillsitzen zwingen.

In der unterrichtsfreien Zeit können bewegte Pausen (siehe Elterntipp rechts) und Tobezonen auf dem Schulhof (mit klaren Regeln) sowie ein Fitnessparcours, auf dem gehüpft, gesprungen und balanciert werden kann, für die nötige Bewegung sorgen. Auf diese Art könnten auch viele Vertretungsstunden sinnvoll genutzt werden. Und für die Nachmittagsbetreuung gäbe es dadurch ebenfalls ein vielfältiges Bewegungsangebot. Bei schlechtem Wetter oder im Winter kann vielleicht ein großer Raum oder eine Halle für die Bewegungsspiele zur Verfügung gestellt werden. Die Schüler können weitgehend in Selbstverwaltung die Geräte ausgeben und sogar einen Verleih für zu Hause organisieren.

Elterntipp

Setzen Sie sich für mehr Bewegung in den Pausen ein

Die so genannte bewegte Pause ist bereits an einigen Schulen mit Erfolg eingeführt worden. Dabei sorgen vor allem Spielgeräte fürs Klassenzimmer und den Schulhof dafür, dass sich die Schüler mehr bewegen. Die folgenden Spielgeräte animieren Schüler besonders gut zu mehr Bewegung in der Schule (und zu Hause):

- Spring- und Sprungseile
- Gummi-Twist
- Pedalos
- Diabolos
- Tennisbälle
- Minitennis
- Tischtennis
- Keulen
- Jonglierbälle
- Stelzen
- Einräder
- Tischfußball
- Minitrampolin
- Kletterwand
- Fußball- oder Handball-Torwand

Mehr Sportunterricht

Neben den zusätzlichen Bewegungsangeboten muss auch deutlich mehr Sport unterrichtet werden, damit die Schüler mehr Bewegung bekommen. Aber auch, weil im Sportunterricht wichtige Schlüsselqualifikationen vermittelt werden. Hier wird Teamfähigkeit geübt, und es werden soziale und kommunikative Kompetenzen und Regeln vermittelt. Außerdem dient Sport der Gesundheits-, Gewalt- und Suchtprävention. Sport kann auch dazu beitragen, Selbstbewusstsein zu entwickeln und das Selbstvertrauen zu stärken. Außerdem schafft er gerade im »verkopften« Schulsystem Raum für Eigeninitiative, Spontaneität und Phantasie. Und, last not least, bereitet Sport Freude und Vergnügen, ganz besonders Jungen. Gerade auch für schwächere Schüler ist der Sportunterricht oft ein Lichtblick im Schulalltag. Für manche ist er sogar das einzige Erfahrungsfeld, auf dem sie Erfolg und Selbstbestätigung erfahren und positive Gruppenerlebnisse haben.

Dabei bevorzugen Jungen vor allem leistungs- und wettkampforientierte Sportarten. Der Sportunterricht kann aber auch Bewegungstrends aufgreifen und den Jungen wichtige Persönlichkeitserfahrungen ermöglichen, etwa durch Abenteuersport im Rahmen der Erlebnispädagogik oder durch Akrobatik, Tanz und Bewegungstheater. In vielen Bereichen können Schulen auch mit Sportvereinen zusammenarbeiten und diese wieder mehr ins Bewusstsein der Schüler bringen – als Orte, an denen sie ihre Freizeit sinnvoll verbringen können.

Wie kommt mehr Bewegung in die Schule?

Interview mit Wolfgang Sommerfeld, 55 Jahre, Lehrer und Sportbeauftragter für die Münchner Realschulen, Vater einer erwachsenen Tochter.

Herr Sommerfeld, Sie setzen sich für mehr Bewegung, Spiel und Sport an den weiterführenden Schulen in München ein. Wie entstand diese Idee?

Seit einigen Jahren wird in den städtischen Schulen in München die Ganztagsbetreuung immer mehr ausgeweitet, und zwar sowohl in Form von Ganztagsschulen als auch im Rahmen einer pädagogischen Nachmittagsbetreuung. Dadurch bieten sich neue Chancen, aber auch Notwendigkeiten, den Schülern mehr Bewegungsangebote zu machen.

Sollten Sport und Spiele nicht eher in der Freizeit von Schülern stattfinden?

Es ist ja bekannt, dass sich viele Kinder heute zu wenig bewegen. Die Folgen davon sehen wir auch in der Schule. Viele Kinder leiden an Haltungsschäden, Koordinationsschwierigkeiten und Übergewicht. Auch Verhaltensauffälligkeiten, Konzentrationsschwächen und eine geringere Gehirnleistung hängen oft mit einem Mangel an Bewegung zusammen. Offensichtlich lösen Kinder (und Eltern) dieses Problem in der Freizeit nicht, es wird eher noch verstärkt, weil Kinder immer mehr Zeit vor dem Fernseher und dem Computer verbringen. Deshalb sehe ich es als eine wichtige Aufgabe der Schule an, Kindern und Jugendlichen Bewegungsangebote zu machen. Nicht zuletzt kommt mehr Bewegung ja auch dem Schulbetrieb zugute.

Inwiefern profitiert der Schulunterricht davon?

Es ist erwiesen, dass regelmäßige körperliche Aktivitäten zu einer verbesserten kognitiven Leistungsfähigkeit führen. Außerdem wird die Entwicklung von sozialem Verhalten gefördert. Gerade der Schulsport bietet viele Gelegenheiten zum Lernen von Regeln, von Kooperation und zu fairem und respektvollem Umgang miteinander.

Wäre es dann nicht sinnvoll, mehr Sportstunden einzuplanen?

Das ist bestimmt sehr wünschenswert, und die Forderung nach mehr Schulsport erheben wir schon seit langem. Leider ist sie aber politisch immer weniger durchsetzbar. Wir müssen sogar darauf achten, dass die vorgesehenen Sportstunden nicht noch weiter gekürzt werden. Deshalb plädiere ich dringend dafür, dass wir auch außerhalb des Sportunterrichts Bewegungsmöglichkeiten anbieten, etwa in Form von Bewegungseinheiten.

Wie können solche »Bewegungseinheiten« in den Unterricht eingebunden werden?
Schon ein fünfminütiges Bewegungstraining pro Unterrichtsstunde führt vor allem bei jüngeren Schülern zu mehr Aufmerksamkeit, Motivation und Erinnerungsleistung. Unterrichtsmethoden, die Bewegung beinhalten, sowie Bewegungspausen zur Aktivierung, Konzentration und Entspannung tragen entscheidend zu einem positiven Lernklima bei. Insgesamt können auch die Klassenzimmer, etwa durch unterschiedliche Sitzmöglichkeiten oder kleine Sportgeräte, bewegungsfreudiger gestaltet werden.

Welche Ideen gibt es für die Pausengestaltung?
Der Schulhof kann oft mit ganz einfachen Mitteln zu mehr Bewegung anregen. Zum Beispiel können Tischtennisplatten und Basketballkörbe aufgestellt werden. Auch Kletteranlagen (Boulderwände) und Bewegungsspielzeug eignen sich dafür. Ebenso könnte eine Öffnung der Sportanlagen in Betracht gezogen werden.

Welche Möglichkeiten sehen Sie gerade im Rahmen der Nachmittagsbetreuung?
Speziell am Nachmittag kann eine Schule natürlich viele Bewegungsangebote extra machen. Hier könnten auch Vereine angesprochen und eingebunden werden, die in Kooperation mit der Schule Training und Übungsstunden durchführen. Ebenso kommen private Sportanbieter in Betracht, beispielsweise Fitnessstudios, welche die Schüler mit einem Betreuer aufsuchen können.

Sollten Jungen besondere Angebote gemacht werden? Welche halten Sie für geeignet?

Vor allem Mannschaftsspiele, die der besonderen Bewegungsfreude vieler Jungen gerecht werden, sind zu bevorzugen. Hier wird außerdem die Teamfähigkeit verstärkt gefördert. Auch dem Bedürfnis nach Wagnis, Spannung und Abenteuer kann man durch spezifische, erlebnispädagogische Sportangebote gerecht werden.

Brauchen Schüler nicht auch mehr Erholung, um die steigenden schulischen Belastungen zu bewältigen?

Natürlich dürfen gerade in einem Ganztagskonzept Erholungs- und Entspannungsangebote nicht vergessen werden. Auch diese sollten in den Unterricht und in die Pausen eingebunden werden. Zum Beispiel könnten vor allem am Nachmittag Entspannungs- und Meditationstechniken erlernt werden.

Können Eltern etwas dazu beitragen, dass in der Schule ihres Kindes mehr Bewegungsangebote gemacht werden?

Eltern können sich natürlich beim Schulleiter oder Elternbeirat nach Angeboten erkundigen und Vorschläge über den Elternbeirat und das Schulforum einbringen. Ich finde es auch sinnvoll, wenn eine Schule einen runden Tisch »Bewegung« einsetzt. An diesem treffen sich dann in regelmäßigen Abständen Vertreter der Eltern, Schüler und Lehrer. Vielleicht können ja auch örtliche Krankenkassen, Sportvereine, das Jugendamt oder andere Institutionen bei Bedarf hinzugezogen werden.

Vielen Dank für das Gespräch!

Ansprache zum Schulbeginn
von Erich Kästner

Liebe Kinder, da sitzt ihr nun, alphabetisch oder nach der Größe sortiert, zum erstenmal auf diesen harten Bänken, und hoffentlich liegt es nur an der Jahreszeit, wenn ihr mich an braune und blonde, zum Dörren aufgefädelte Steinpilze erinnert. Statt an Glückspilze, wie sich's eigentlich gehörte. Manche von euch rutschen unruhig hin und her, als säßen sie auf Herdplatten. Andere hocken wie angeleimt auf ihren Plätzen. ...

Euch ist bänglich zumute, und man kann nicht sagen, daß euer Instinkt tröge. Eure Stunde X hat geschlagen. Die Familie gibt euch zögernd her ... Das Leben nach der Uhr beginnt, und es wird erst mit dem Leben selber aufhören. Das aus Ziffern und Paragraphen, Rangordnung und Stundenplan eng und enger sich spinnende Netz umgarnt nun auch euch. Seit ihr hier sitzt, gehört ihr zu einer bestimmten Klasse. Noch dazu zur untersten. Der Klassenkampf und die Jahre der Prüfungen stehen bevor. Früchtchen seid ihr, und Spalierobst müsst ihr werden! Aufgeweckt ward ihr bis heute, und einwecken wird man euch ab morgen! So, wie man's mit uns getan hat. Vom Baum des Lebens in die Konservenfabrik der Zivilisation, – das ist der Weg, der vor euch liegt. Kein Wunder, daß eure Verlegenheit größer ist als eure Neugierde.

Hat es den geringsten Sinn, euch auf einen solchen Weg Ratschläge mitzugeben? Ratschläge noch dazu von einem Manne, der, da half kein Sträuben, genauso nach Büchse schmeckt wie andere Leute auch? Lasst es ihn immerhin versuchen, und haltet ihm zugute, daß er nie vergessen hat, noch je vergessen wird, wie eigen ihm zumute war, als er selber zum erstenmal in der Schule saß. In jenem grauen, viel zu groß geratenen Ankersteinbaukasten. Und wie es ihm damals das Herz abdrückte. Damit wären wir schon beim wichtigsten Rat angelangt, den ihr euch einprägen solltet wie den Spruch einer uralten Gedenktafel:

»Lasst euch die Kindheit nicht austreiben!« Schaut, die meisten Menschen legen ihre Kindheit ab wie einen alten Hut. Sie vergessen sie wie eine Telefonnummer, die nicht mehr gilt. Ihr Leben kommt ihnen vor wie eine Dauerwurst, die sie allmählich aufessen, und was gegessen worden ist, existiert nicht mehr. Man nötigt euch in der Schule eifrig von der Unter- über die Mittel- zur Oberstufe. Wenn ihr schließlich droben steht und balanciert, sägt man die überflüssig gewordenen Stufen hinter euch ab, und nun könnt ihr nicht mehr zurück! Aber müßte man nicht in seinem Leben wie in einem Hause treppauf und treppab gehen können? Was soll die schönste erste Etage ohne Keller mit den duftenden Obstborden und ohne das Erdgeschoß mit der knarrenden Haustür und der scheppernden Klingel? Nun – die meisten leben so! Sie stehen auf der obersten Stufe, ohne Treppe und ohne Haus, und machen sich wichtig. Früher waren sie Kinder, dann wurden sie Erwachsene, aber was sind sie nun? Nur wer erwachsen wird und Kind bleibt, ist ein Mensch! Wer weiß, ob ihr mich verstanden habt. Die einfachen Dinge sind so schwer begreiflich zu machen! Also gut, nehmen wir etwas Schwieriges, womöglich begreift es sich leichter …

»Haltet den Katheder weder für einen Thron, noch für eine Kanzel!« Der Lehrer sitzt nicht etwa deshalb höher, damit ihr ihn anbetet, sondern damit ihr einander besser sehen könnt. Der Lehrer ist kein Schulwebel und kein lieber Gott. Er weiß nicht alles, und er kann nicht alles wissen. Wenn er trotzdem allwissend tut, so seht es ihm nach, aber glaubt ihm nicht! Gibt er hingegen zu, daß er nicht alles weiß, dann liebt ihn! Denn dann verdient er eure Liebe. Und da er im übrigen nicht eben viel verdient, wird er sich über eure Zuneigung von Herzen freu-

en. Und noch eins: der Lehrer ist kein Zauberkünstler, sondern ein Gärtner. Er kann und wird euch hegen und pflegen. Wachsen müßt ihr selber!

»Seid nicht zu fleißig!« Bei diesem Ratschlag müssen die Faulen weghören. Er gilt nur für die Fleißigen, aber für sie ist er sehr wichtig. Das Leben besteht nicht nur aus Schularbeiten. Der Mensch soll lernen, nur die Ochsen büffeln. Ich spreche aus Erfahrung. Ich war als kleiner Junge auf dem besten Wege, ein Ochse zu werden. Daß ich's, trotz aller Bemühungen, nicht geworden bin, wundert mich heute noch. Der Kopf ist nicht der einzige Körperteil. Wer das Gegenteil behauptet, lügt. Und wer die Lüge glaubt, wird, nachdem er alle Prüfungen mit Hochglanz bestanden hat, nicht sehr schön aussehen. Man muß nämlich auch springen, turnen, tanzen und singen können, sonst ist man, mit seinem Wasserkopf voller Wissen, ein Krüppel und nichts weiter.

»Lacht die Dummen nicht aus!« Sie sind nicht aus freien Stücken dumm und nicht zu eurem Vergnügen. Und prügelt keinen, der kleiner und schwächer ist als ihr! Wem das ohne nähere Erklärung nicht einleuchtet, mit dem möchte ich nichts zu tun haben. Nur ein wenig warnen will ich ihn. Niemand ist so gescheit oder so stark, daß es nicht noch Gescheitere und Stärkere als ihn gäbe. Er mag sich hüten. Auch er ist, vergleichsweise, schwach und ein rechter Dummkopf.

»Misstraut gelegentlich euren Schulbüchern!« Sie sind nicht auf dem Berge Sinai entstanden, meistens nicht einmal auf verständige Art und Weise, sondern aus alten Schulbüchern, die aus alten Schulbüchern entstanden sind, die aus alten Schulbüchern entstanden sind, die aus alten Schulbüchern entstanden sind. Man nennt das Tradition. Aber es ist ganz etwas anderes. Der Krieg zum Beispiel findet heutzutage nicht mehr wie in Lesebuchgedichten statt, nicht mehr mit geschwungener Plempe

und auch nicht mehr mit blitzendem Küraß und wehendem Federbusch wie bei Gravelotte und Mars-la-Tour. In manchen Lesebüchern hat sich das noch nicht herumgesprochen. Glaubt auch den Geschichten nicht, worin der Mensch in einem fort gut ist und der wackre Held vierundzwanzig Stunden am Tage tapfer. Glaubt und lernt das, bitte, nicht, sonst werdet ihr euch, wenn ihr später ins Leben hineintretet, außerordentlich wundern! Und noch eins: die Zinseszinsrechnung braucht ihr auch nicht mehr zu lernen, obwohl sie noch auf dem Stundenplan steht. Als ich ein kleiner Junge war, mußten wir ausrechnen, wieviel Geld im Jahre 1925 aus einem Taler geworden sein würde, den einer unserer Ahnen Anno 1525, unter der Regierung Johanns des Beständigen, zur Sparkasse gebracht hätte. Es war eine sehr komplizierte Rechnerei. Aber sie lohnte sich. Aus dem Taler, bewies man uns, entstünde durch Zinsen und Zinseszinsen das größte Vermögen der Welt! Doch dann kam die Inflation, und im Jahre 1925 war das größte Vermögen der Welt samt der ganzen Sparkasse keinen Taler mehr wert. Aber die Zinseszinsrechnung lebte in den Rechenbüchern munter weiter. Dann kam die Währungsreform, und mit dem Sparen und der Sparkasse war es wieder Essig. Die Rechenbücher haben es wieder nicht gemerkt. Und so wird es Zeit, daß ihr einen Rotstift nehmt und das Kapitel »Zinseszinsrechnung« dick durchstreicht. Es ist überholt. Genauso wie die Attacke auf Gravelotte und der Zeppelin. Und wie noch manches andere.

Da sitzt ihr nun, alphabetisch oder nach der Größe geordnet, und wollt nach Hause gehen. Geht heim, liebe Kinder! Wenn ihr etwas nicht verstanden haben solltet, fragt eure Eltern! Und, liebe Eltern, wenn Sie etwas nicht verstanden haben sollten, fragen Sie Ihre Kinder!

Anhang

Literaturempfehlungen

Uli Boldt: Ich bin froh, dass ich ein Junge bin. Schneider, Hohengehren 2004
Nick Hornby: About a Boy. Droemer Knaur, München 2000
Petra Kunze, Catharina Salamander: Die schönsten Rituale für Kinder. Gräfe und Unzer, München 2000
Eleanor E. Maccoby: Psychologie der Geschlechter. Sexuelle Identität in den verschiedenen Lebensphasen. Klett-Cotta, Stuttgart 2000
Maria Montessori: Kinder sind anders. dtv, München 1997
Sören Olsson, Anders Jacobsson: Berts gesammelte Katastrophen. Oetinger, Hamburg 1990
Jon Pickerin: Wie das Lernen Jungen erreicht. Verlag an der Ruhr, Mülheim an der Ruhr 2005
Dieter Schnack, Rainer Neutzling: Kleine Helden in Not. Jungen auf der Suche nach Männlichkeit. Rowohlt, Reinbek 2003
Benedikt Sturzenhecker, Reinhard Winter: Praxis der Jungenarbeit. Juventa, Weinheim 2002
Renate Zimmer: Kreative Bewegungsspiele. Herder, Freiburg 2006

Bilderbücher für Väter und Söhne

Peter Horn, Christina Kadmon: Wozu ist ein Papa da? Nord-Süd, Gossau/Zürich/Hamburg 2002
E. O. Plauen: Vater und Sohn. Bildergeschichten in 3 Bänden. Ravensburger, Ravensburg 1996
Michael Rosen, Helen Oxenbury: Wir gehen auf Bärenjagd. Gerstenberg, Hildesheim 2003

Bücher über Gefühle, Aggressionen und Ängste

Für Kinder

Jutta Bauer, Kirsten Boie: Juli und das Monster. Beltz, Weinheim 2005

Klaus Baumgart: Tommy und der Beschütz-mich-Hund. Baumhaus Medien 2002

Elke Bräunling: Da wird die Angst ganz klein. Mutmachgeschichten. Lahn, Kevelaer 1998

Michael Dudok de Wit: Vier Biber in der Nacht, Freies Geistesleben, Stuttgart 2004

Astrid Hille, Dina Schäfer: Mächtig mutig. Das Angst-weg-Buch. Oz Verlag 2005

Daniela Kulot: Ein kleines Krokodil mit ziemlich viel Gefühl. Thienemann, Stuttgart/Wien 2003

Axel Scheffler, Julia Donaldson: Der Grüffelo. Beltz, Weinheim 2002

Elisabeth Shaw: Der kleine Angsthase. Kinderbuchverlag, Berlin 1999

Für Eltern und Erzieher

Rudolf Dreikurs: Psychologie im Klassenzimmer. Klett-Cotta, Stuttgart 2003

Kristin Holighaus: Zoff in der Schule – Tipps gegen Mobbing und Gewalt. Beltz, Weinheim 2004

Thomas Kaiser: Bleib bei mir, wenn ich wütend bin. Wut und Aggression: So helfe ich meinem Kind. Christopherus, Freiburg 1998

Jens Krabel: Müssen Jungen aggressiv sein? Eine Praxismappe für die Arbeit mit Jungen. Verlag an der Ruhr, Mülheim an der Ruhr 1998

Gerlinde Ortner: Märchen, die Kindern helfen. dtv, München 2001

Ulrike Petermann: Die Kapitän-Nemo-Geschichten. Geschichten gegen Angst und Stress. Herder, Freiburg 2001

Franz und Ulrike Petermann: Training mit aggressiven Kindern. Beltz, Stuttgart 2005

Bücher über Kommunikation

Rudolf Dreikurs: Familienrat. Klett-Cotta, Stuttgart 2005
Thomas Gordon: Familienkonferenz. Die Lösung von Konflikten zwischen Eltern und Kindern. Heyne, München 1989
Robert Jourdain: Das wohltemperierte Gehirn. Wie Musik im Kopf entsteht und wirkt. Spektrum Verlag, Heidelberg 2001
Rita Steininger: Eltern lösen Konflikte. So gelingt Kommunikation in und außerhalb der Familie. Klett-Cotta, Stuttgart 2006

Musik, Sprach- und Fingerspiele

Jörg Hilbert, Felix Janosa: Ritter Rost-Bücher und -CDs, Terzio, München
Petra Kunze: Zappelfinger-Spaß. 35 kreative Förderspiele, Lieder und Reime. Mit 3 Fingerpuppen. Droemer Knaur, München 2006
Frederik Vahle: Fischbrötchen. *Und:* Ping Pong Pinguin. Spiel- und Bewegungslieder. CD Patmos
Rolf Zuckowski: Rolfs Vogelhochzeit. *Und:* Im Kindergarten. CD Universal

Internet-Links

Für Kinder
www.blinde-kuh.de: Suchmaschine für Kinder
www.goere.de: Internetkurs für Kinder
www.kidnet.de
www.kika.de: Kinderkanal
www.kinderlexikon.de: Wissenswertes von Kindern für Kinder
www.kindernetz.de
www.kindersache.de
www.loewenzahn.de: Experimente und mehr für Kinder
www.sowieso.de: Online-Zeitung für Jugendliche
www.wissen.de: Schulwissen und Länderlexikon

Für Eltern, Erzieher und Lehrer
www.ak-jungenarbeit.de
www.bewegte-schule.de
www.elementar-erfahrungen.de: Naturcamps, Wildniswochenenden und Initiationskurse
www.elternforen.de
www.elternimnetz.de
www.familienhandbuch.de: ausführliches Familien- und Erziehungslexikon
www.forju.de: Forschungsgruppe Jungenarbeit
www.genderundschule.de
www.internet-abc.de: alles Wichtige übers Internet für Eltern und Kinder
www.jbn.de: Jugendseite des Bund Naturschutz
www.jungenarbeit-online.de
www.kindergartenpaedagogik.de
www.lions-quest.de: Erwachsen werden (für die Schule)
www.neue-wege-fuer-jungs.de
www.paps.de
www.patenschaften-aktiv.de und www.leihomas-leihopas.de: Adressen für Paten- und Leihgroßeltern-Vermittlung
www.pfadfinder.de
www.schule-online.de
www.triplep.de: Elternratgeber
www.vaeter-fuer-kinder.de

Register